総合人間学 17

ポストヒューマン時代が問う 人間存在の揺らぎ

〜人間能力拡張（AI・アバター等）がもたらす将来世界とは？〜

総合人間学会　編

本の泉社

目　次

総合人間学17　ポストヒューマン時代が問う人間存在の揺らぎ　〜人間能力拡張（AI・アバター等）がもたらす将来世界とは？〜

はじめに

WHOは5月4日、新型コロナの死者数の減少傾向が続き大半の国で日常生活が戻ってきたとし、新型コロナ緊急事態宣言を解除した。宣言が出された2020年1月以来の3年3カ月を思い返すと総合人間学会は2020年の年会からオンライン開催となり、その年の総合人間学15号のタイトルは、まさに「コロナ禍を生き抜く、問あい・思いやる社会を創造できるか」であった。この間の大きな社会変化のなかで、テレワークの普及はめざましく、オンライン会議が定着した。AI技術の開発は中国、アメリカを中心に爆発的に進行した。

この世界的変化の中での人間の姿に迫るべく総合人間学16号「人新世とAIの時代における人間と社会を問う」に続き、本17号には「ポストヒューマン時代が問う人間存在の揺らぎ」をテーマに6つの論考を収めた。巻頭の俯瞰的な論考に続き、「ヒューマニズム」そのものへの問いかけ、「人間を超える」という欲求が歴史的に繰り返されることの今日的な意味、そしてAIアートの創造性への問いが続く。それを受けた2つの論考が、新しい生命~子どもがこの時代に学び成長することの意味について人間学的な考察を述べている。

今日のように多様な価値観が諸個人のイニシアチブによって発信され、それぞれの行動に移されている時代は葛藤が高まり、その違和感を暴力で埋める衝動も強くなる。複雑なものをそれぞれの精妙な襞を裁断することなく記述するために断章を重ねる、あるいは対話という形式が採用されることがある。音楽であればポリフォニー様式というところであろうか。本号がそのような趣を備えているかは読者諸氏の判断に委ねるほかはないが、交流をあきらめることなく、他者への関心をもち続けたいものである。この冊子がそのための開かれた場として機能することを期したい。

中村　俊（総合人間学会出版企画委員長）

ヒトの過去・現在・未来
——ポストヒューマンを総合人間学から考える

古沢広祐

はじめに

人工知能（ＡＩ）の発展ぶりには目をみはるものがある。最近の話題では、米国の新興企業オープンＡＩが世に出した「チャットＧＰＴ」（質問すると文章で回答）がある。その利用者は公開（２０２２年11月）されて２か月間で１億人を超える勢いをみせ、教育界では学生が宿題などで利用しだしたことで、賛否両論の議論がおきている。チャットＧＰＴで作成された文章や小論は、優秀な学生の作文としてみても見劣りがしないからだ。すでに２０４５年頃にＡＩが人間の能力を超えるだろうとシンギュラリティ（技術的特異点）が予見されていたが（カーツワイル 2007）、まさにＡＩが人知を超えるという事態が目の前で進行していることを実感させるような出来事であった。

今後、こうした対話型ＡＩが急速に普及していくことが予想されており、成長分野として世界的に開発競争が激化し始めている。インターネット上に蓄積されている膨大な情報（ビッグデータ）をもとに、ＡＩが学習し評価して言語生成する仕組み（大規模言語モデル）の応用例だが、すでに先行しては、画像情報や音

（参考まで）公募展デジタルアート部門で１位を獲得、テキストから画像を生成するＡＩプログラム、ミッドジャーニー（Midjourney）を使った作品（宇宙のオペラ座）
出所：https://artnewsjapan.com/news_criticism/article/412

声情報でも同様の活用が行われてきた。同じような話題としては、文字テキストからＡＩが作成した絵画がデジタルアート部門のコンテストで優勝したことで、同じように賛否両論の騒ぎがおきている（２０２２年8月末、詳細は本書の木村論考を参照）。

ＡＩが高度な知的能力を発揮しだしている現状と今後について、私たちはどうのように考えたらよいのだろうか。しかし冷静に見ると、たとえばチャットＧＰＴによる賢い文章の場合でも、詳細に見れば偽情報や偏りも散見される。そもそも情報源の大元に偏りや誤りがあれば、それを基に組み立てられる過程で偽情報や偏りが入ることは避けられない。またＡＩによる高度な情報処理や判断であっても、そのベースは人間世界の営みであることから、脅威を感じるとともに、見方を変えればＡＩによって人間自身の姿や諸側面（矛盾）が鏡のように映し出されてくると考えてもよいだろう。

高度な知性を発達させてきた人間だが、その足元を見ると矛盾の塊のような存在という人間自身の在り方に気づかされる。たとえば差別や偏見といった事柄のみならず、人類に共通する道徳や倫理を考えてみると、「人を殺してはいけない、傷つけない、迷惑をかけない、悪行をせず善行につとめる」といったことは、ほぼ共通して世界の諸民族や諸宗教をこえて共有されている。しかし実際には、殺人のみならず戦争さえ絶えることなく繰り返されてきたのが現実である。極端な例示ではあるが、理想と現実の越えがたい落差を人間世界は抱えているのである。ＡＩによる高度な知的展開への期待については、その根本のところで人間存在への根源的問いかけを抜きにして論じることはできない。

矛盾をかかえた人間存在への問いかけから、あらためてヒトの過去、現在、未来について考えてみることにしたい。

1．人類の歩み、ＡＩ利用に至る道すじ

(1) チャットＧＰＴに、戦争やヒトについて問いかける

試しに、チャットＧＰＴに「人類は戦争をなくせるか」を尋ねたところ、以下の答えが返ってきた。

人類が戦争を完全になくすことができるかどうかは、難しい問題です。戦争がなくなるためには、世界中の人々が平和を望み、そのために積極的に努力する必要があります。現状では、軍事的な対立や緊張がある地域や国が存在しており、戦争を防ぐためには、国際社会が協力して対話や協議を進め、紛争を解決することが必要です。

一方で、戦争をなくすことができないのは、人間の本性や利害の対立が存在するためです。また、戦争をなくすためには、軍事力の廃絶や軍備管理など、現実的な対応策も必要となります。

しかしながら、過去の歴史を見ても、人類は戦争を回避し、平和的な方法で紛争を解決することができた例もあります。国際法の制定や人権の尊重など、国際社会の規範やルールの整備が進んでいることもあり、人類が戦争をなくすことは、全く不可能とはいえません。将来的には、より平和的な世界を実現するために、個人や国際社会が積極的に取り組んでいくことが必要でしょう。

まさに百科事典や教科書に書いてあるような模範的な答えを、論理だって簡潔にまとめあげて、数秒間で示してくれるのである。これを脅威ととらえるか、強力なツール（道具）として活用を広げていくかという点では、結論的には後者とならざるをえないだろう。すでに私たちの身の回りには、スマホ（携帯電話）やパソコン等で情報検索を多用しており、その延長線上に生まれてきた便利なツールだからだ。現在、ＡＩによる自動運転が盛んに研究されており、遠からず普及していくことが予想されている。すでに航空機や高速鉄道の運転、各種インフラ部門ではＡＩは不可欠な存在として組み込まれており、人類とＡＩ技術との共存関係は日に日に進展していくことは避けられない現実だと思われる。

こうしたＡＩを筆頭とする最新科学技術の発展ぶりはすさまじいものがあり、近未来の人類社会に対する期待（楽観論）と不安（悲観論）が、日増しに高まりつつあるかにみえる。総合人間学会ではこうした動向をふまえて、すでに２０２１年大会シンポジウムで「人新世とＡＩ時代における人間と社会を問う」を企画した（既刊『総合人間学16』参照）。続いて２０２２年大会シンポジウムでは「ポストヒューマン時代が問う人間存在の揺らぎ」がテーマとなり、その内容は、本誌において新たな書下ろしとしてまとめられている（古沢 2022）。本稿では、過去の二つのシンポジウムと関連情報を下敷きにして、２０２３年大会シンポジウム（近代的「知」のあり方を問い直す——授けられる「科学」／「学習」時代に、「学び」はどう対峙する?）を意識しつつ、ヒトをめぐる全体的な状況についての考察をおこなう。

本題に入るにあたり、再度、チャットＧＰＴに「ヒトの過去・現在・未来」について尋ねてみよう。以下が、その答えである。

ヒトの過去について：人類は約200万年前に現れ、最初のヒト属はアウストラロピテクスでした。その後、ホモ・エレクトス、ホモ・ハビリス、そして現代人であるホモ・サピエンスに進化しました。

人類の歴史は、言語や技術の進歩、文化の発展、戦争や征服、そして大規模な災害や天災など、さまざまな出来事で形成されています。

ヒトの現在について：現在の人類は、地球上で最も支配的な種の一つであり、約70億人の人口を抱えています。現代社会は、先進国や途上国によって異なりますが、人々は様々な文化、言語、宗教、職業、価値観を持っています。また、科学技術の進歩やグローバル化の影響により、世界中の人々が互いにつながりを持ち、相互依存的な関係を築いています。

ヒトの未来について：人類の未来は予測が難しいものの、多くの科学者や専門家は、人口増加や気候変動、資源の枯渇などの課題に直面し、解決策を見つける必要があると警告しています。一方で、人工知能やバイオテクノロジーなどの急速な技術進歩により、未来の社会や生活が大きく変わる可能性もあります。さらに、宇宙開発や地球外生命体の存在など、未知の領域に対する研究や探索も進んでいます。人類はこれらの課題や可能性に対処し、持続可能な未来を築くために、継続的な努力と協力が必要とされています。

やはり世の中に共有されている現時点での最大公約数的な情報をもとに、模範的な内容がコンパクトにまとめられている（2022年末、国連世界人口推定では世界人口80億人）。こうした現状とAI提供情報も参考にした上で、さらなる考察や論点を人間の側で深めていく独自の努力が求められるわけである。本稿が、そのような求めにどこまで対応できるか心もとないところだが、以下、論考を進めることにしたい。

（2）新時代「人新世《じんしんせい》」からの問いかけ

人間が引きおこしている環境異変などの事態に対して、これを地質学上の新たな時代として「人新世」

と呼ぶ動きが世界的に広がっている。正式な地質年代の名称とするか、その際いつ頃を時代区分にするかなどは、複数の国際学術団体で議論が継続している（２０２２年末時点）。人新世については、地球環境問題など外なる環境異変だけではなく、もっと奥の深い一種の進化史的な変化や時代的転換と見る視点などが提示されている（ヴァイバー 2018、『総合人間学16』 2022）。

環境の異変のみならずより大きな複合的変化として、現在の社会全般や科学技術が引き起こす総体としての変化が現れつつある。とくに近年の科学技術の発展スピードは目覚ましく、それは外なる環境のみならず、人間自身の心身面や社会の姿をも大幅に改変してしまう恐れとして浮上している。たとえば、冒頭でふれたようなＡＩの急速な発展によって人間の能力自体が凌駕されていくような事態とともに、ゲーム依存・スマホ中毒や仮想世界没入・引きこもり現象なども生じている。さらには生命科学の革命的な進歩によって、生命の設計図（ＤＮＡ）を改変するゲノム編集技術、そして人工生命さえも創り出すことができる合成生物学の登場など、人間存在の根底を揺さぶるような兆候が続出しているのである。

それらは相互に複合し合って、たとえばＡＩやロボットと人間が融合したサイボーグの登場といった状況にまでつながる勢いである。人間の脳の神経回路を電子情報として写し取ってロボットにアップロードし、超人間的な存在（ポストヒューマン、トランスヒューマン）の出現さえもが話題になり始めている。人新世の時代とは、将来的に人間自身の心身をも改変してしまう、将来的には新人類の登場のようなＳＦ（空想科学小説）の世界をも予感させるものなのである。

人新世という時代設定で強調されている概念に、加速度的な大変化が引きおこされる状況（大加速化、グレート・アクセラレーション：Great Acceleration）がある。その大変化の時期については、農耕革命や産業革命などさまざまな展開時期が指摘されてきた。今のところ、第二次世界大戦を経た後の技術革新、産業と

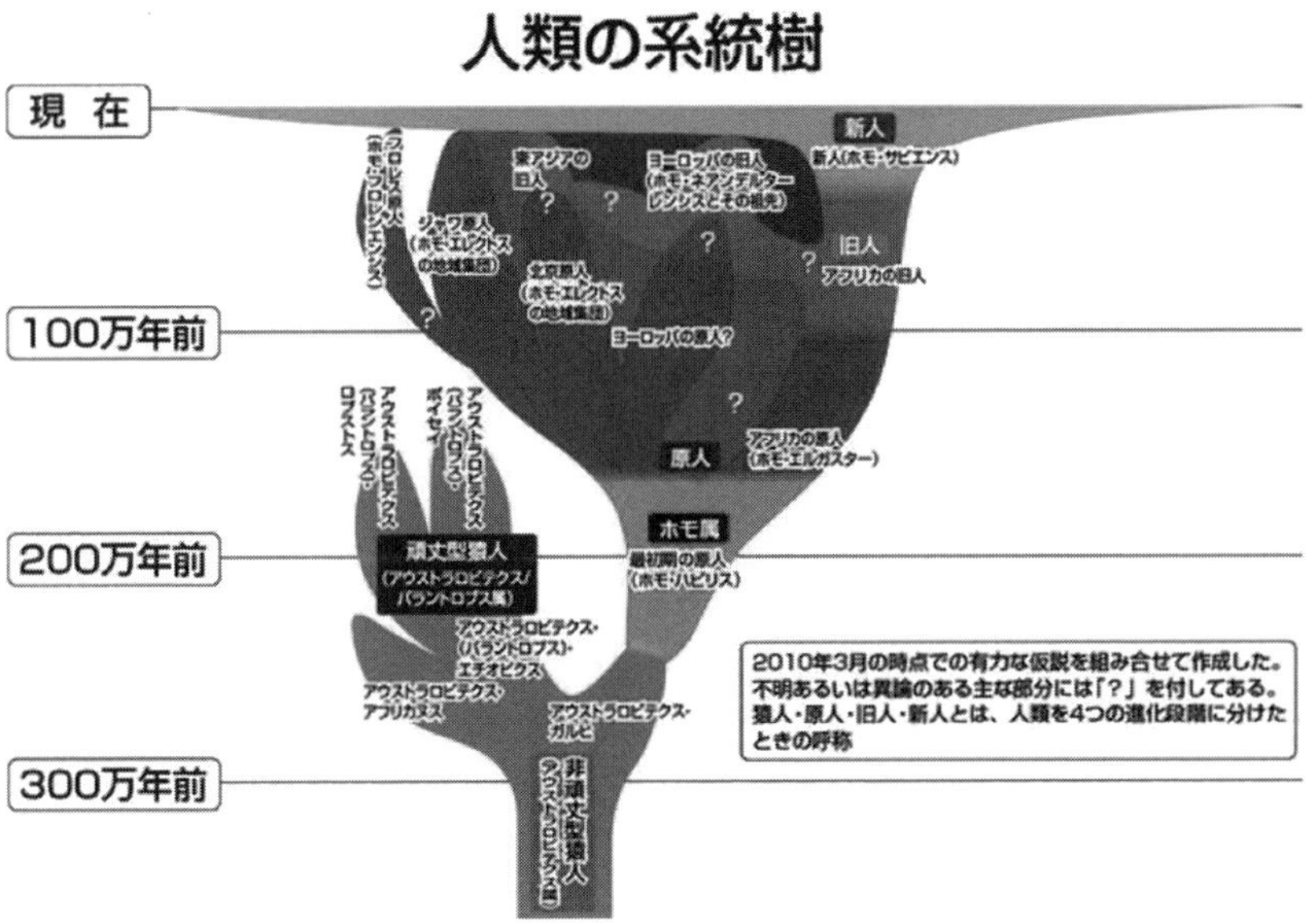

（参考図）出所：HP より一部改変：https://gendai.media/articles/-/54729?page=1&imp=0
https://infokkkna.com/ironroad/dock/iron/12iron03.pdf

経済のグローバル化の時代、多大な環境への影響が明確になった20世紀半ばが、その展開時期とされている。その点では、近現代から近未来に向けて、まさしく大加速化が目前で現れている時代を私たちは生きているということになる。そうならば、この大加速化が何故に、どのように生じてきたか、そしてどのような展開が今後おきていくのかが問題となる。

また関連しては、「我々はどこから来たのか、我々は何者か、我々はどこへ行くのか」（P.ゴーギャン、仏の画家）の有名な言葉がある。よく引用される問いかけだが、人新世と名づけられる時代を生きる私たち（ヒト）とは、何者なのか、あらためてその疑問に真摯に向き合うべき時代に、いま私たちは立ち至っているのである。

人類活動の歴史上で比較的近年に顕在化したグレート・アクセラレーション（大加速化）だが、人類史において、こうした事態はどのように位置づけられるのだろうか。大加速化に関しては、本学会の電子ジャーナルで詳しく論じているのだが、ここではその一部の要点を記載しておこう（古沢 2023）。以下、表記上での使い分けとしては、生物的な意味合いでヒト、人類は広くとらえた言葉として、人間は身近な社会・文化・心理的な存在として使用していく。

人類は広い意味の用語であり、ヒト科・ヒト亜科（ホミニン）として、チンパンジーとの共通祖先（約700万年前に分岐）から、いわゆる猿人・原人・旧人・新人など絶滅種を含む多種多様な人類（ホモ属）が存在してきた。かつては猿人、原人、旧人、新人といった単純な系譜が想定されていたのが、そのような単純なものではなく、発見されただけでも20数種類の人類が多様に広がっており多くの枝分かれがあったことがわかっている（参考図）。ヒトの進化の道のりは、想像以上に複雑なのである。多くの系統に枝分かれしながら多種類のホモ属がいたのだが、最終的に現在まで存続しているのは現生人類（ホモ・サピエンス）のみである。その歴史は、かなり波乱万丈の経過を経てきたことが近年明らかになってきた（ブラネン 2019、篠田 2022）。

（3）現生人類（ホモ・サピエンス）のアクセラレーション（加速化）とは？

人類の進化的な適応の最大の特徴は、頭脳の巨大化と思考・コミュニケーション能力の発達がある。とくにヒトの場合、その適応はかなり厳しい条件をのり越えながら（少なくとも2回の絶滅危機）、幸運と言ってよいプロセスをへて存続してきたと考えられている。実際、頭の大きい赤ちゃんの苦しい分娩、長い育児の期間、体重の2～3％の脳が全酸素消費の25％を消費するなど、かなりの身体的無理や負担を伴うものだった。その無理や負担は、当初は生存上では不利で存続が難しかったと想像される。ところが、不利（デメリット）が有利（メリット）に転換する事態として、激変する環境変化に適応できる特別な能力として発揮されたのであり、いわば奇跡的な進化として大きな発展の道をきり開いたと考えられている（ピエバニ2021）。

とくに道具の利用や情報伝達（コミュニケーション）と脳の発達が関係して、協調的に道具の改良・普及につながることで相乗的な効果を発揮したのだった。そこでは遺伝的な進化を超えた、新たな文化的進化への飛躍が生じたことが重要であった。その文化的進化は、独特の集団組織や環境形成（農耕牧畜、居住、経済、文化・社会的発展）を生み出していく。その特徴とは、生物学的な遺伝情報（ジーン）による進化的な発展様式を脱して、社会・文化的な情報増殖（ミーム）の発展様式への飛躍だったと言ってもよいだろう（ドーキンズ1976）。

そこで生じた変化速度のイメージを、分かりやすく表すと以下のようになる。スピード感としては、長い間の徒歩による生活から、馬の利用、自動車が登場し、そして飛行機へと飛躍するような展開が生じたのだった。歴史的なイメージでは、人類史700万年の推移において、初めの4～500万年間のゆっくりとした変化から（猿人）、200万年前頃からの変化（原人）がだんだん加速して（旧人）、約20万年前のホモ・サピエンス（新人）の出現で、事態は新段階をむかえたのだった。その際には、ネアンデルタール人との差異が気になるところだが（脳の容量は同程度）、どうも石器での改良度合いでは明らかな差が生じていたようだ。おそらく道具や言語の活用力、繁殖力の差などが、その後の明暗を分けたのではないかと考えられている。いずれにせよ、石器の時代区分けでの旧石器時代（約200万年前～1万5千年前頃）から、ヒトの新石器時代そして土器・農耕牧畜の時代（約1万年頃）が始まるのである。

時間スケールで再度確認すると、ヒト（現生人類）の歴史の20万年スケールのうち、終盤戦での農耕牧畜時代（約1万年）は20分の1（5％）の短期間の変化であり、農耕・牧畜の以降のなかでは産業革命（約

250年前）はこの1万年のうちでもほんの2.5%の出来事である。現生人類の歴史スケール上では、長い間の経過の最後のほんの一瞬の大変化、0.1%強の期間で生じた事態なのである。まさにこの大変化こそが、人新世の時代を大きく特徴づけ顕在化させたのだった（ヴァイバー 2018）。

こうした大加速化につながるまでの助走の期間には、どのような変化があったのだろうか。さまざまな研究がなされているが、ここでは三つの疑問（論点）を通して簡単にふれておきたい。

（4）ヒトは、文化・道具で生み出される自己家畜的な生物

ヒトの進化では、脳との関連で次のような三つの疑問（論点）が問われてきた。すなわち、①：ヒトでの脳容量は長期にわたり増加傾向は小さく、原人から旧人への過程で急拡大したこと、②：旧人の出現以降は脳の拡大は起きておらず新人（ホモ・サピエンス）で縮小傾向の指摘があること、③：脳容量が拡大しない中で農耕・牧畜社会への移行を契機に各地で文明が芽生えて社会組織が高度化したこと、という論点である。このような脳容量という生物的形態の変化と精神や文化活動との関係性に関しては、様々な研究がなされてきた（入來 2022）。

この三つの論点を手がかりにして、加速化のメカニズムを考えると次のようになる。①については、生物（身体）的な進化が比較的長い時間経過を経たことや道具利用の発展などから説明されてきた。②については諸説あるが、家畜化症候群との関連が指摘されており注目したい。それは飼育的な環境下（家畜化）で、幼児的な特徴が発現する現象、幼形成熟（ネオテニー）や幼形進化（ペドモルフォーシス）と呼ばれている現象である。具体的には、協調的な行動（従順な性質）、幼少期の長期化、脳や歯のサイズの小型化、毛や皮膚の色の変化、頭の形や顔面の変化などが生じる現象で、ヒト自身が自己家畜化的な変化をとげたのではないかという自己家畜化説にとくに注目したい。ここでは指摘するだけにして、くわしくは本学会の電子ジャーナル（公開）にて論じているので、参照願いたい（古沢 2023）。

さらに③に関しての論点は、変化のスピード感では、生物としてのヒトの変化（進化）が遺伝子レベルの万年単位から、一気に飛躍して千年単位、百年単位、そして数十年レベルまで短縮し加速化している点についての指摘である。それこそが、人新世という時代において進行している大変化の特徴でもある。この大加速化とは、生物・生体（遺伝）的レベルの制約を脱し、独特の文化的進化様式（文化-遺伝子共進化）によって実現したという興味深い考え方が提示されており、本稿でもその考え方を下敷きにしている（ヘンリック 2019）。

ヒトは、生まれた時点では無防備かつ無能力であり、長期間のきめ細やかな保育（ケア）と多大な学習（教育）を経ることで、はじめて人間として自立的な存在となる。これは自己家畜化論とも一部関係するところである。とくにヒトは生れた後に、新しく言葉や作法や習慣、道具使用などが生育過程において教え込まれて、はじめてヒトらしくなるのである。ロビンソン・クルーソーのような無人島での生活も、文化的蓄積（知識等）があってこそ生きる術が発揮できたのであり、赤子のままではヒトとして存続できない。また、もし石器時代に誕生したならば、遺伝情報的には同じヒトであっても、その時点での社会・文化的制約でしか生存しえない存在なのである。

そのような文化的進化様式について、ヘンリックは累積的文化進化という概念から遺伝子変異につながる文化–遺伝子共進化に注目している。比較的古い火の利用（加熱調理）や集団行動様式（狩猟・採集や共食・共育行動）から、比較的最近の高地生活（低酸素適応）や家畜乳の利用（乳糖分解酵素）まで、遺伝的変異に影響する共進化的なプロセスの重要性を強調している。その累積的文化進化は、遺伝子レベルでなくても機能変化的な現象でも生じることからとても複雑であり、近年は進化心理学などでも研究は盛んである（ピンカー 2015）。たとえばヒトの言語活動の出現と進化については、遺伝子レベルから機能レベルまで詳細な研究が進んでいる（フィリップス 2021）。移行的プロセスで、文化が身体的機能と器質的変化にどう影響して、さらに遺伝子変異にまでどう関与するかについては、今日たいへん注目されるテーマであり、まさに研究途上である（フランシス 2019、ランガム 2020、ヘア 2022）。

文化についての考察は、従来から文化人類学者E・タイラーの文化のとらえ方として「知識、信仰、芸術、道徳、法律、慣習など、人間が社会の成員として獲得したあらゆる能力や習慣の複合的総体」がよく参考とされてきた（『ブリタニカ世界百科事典』）。ここでは、後天的に学習して獲得したもので集団間や世代を越えて伝達されていく統合性をもつ複合的総体としてとらえることにする。文化的な発展の根源（ルーツ）や移行過程については、文化心理学などからも興味深い研究があるが未解明な点がまだ多い。ここでは、上記のような認知能力や集団の規模と質的発展の経過（文化進化）のなかで、とりあえず大きな飛躍として農耕・牧畜そして都市文明の形成へと展開したという指摘だけにとどめておこう。

ここでとくに強調しておきたいことは、ヒトは文化・道具によってつくられる社会形成的な生物であるという点である。その文化や道具も固定的なものではなく、外界の環境に呼応して変化し適応していく可変性（フレキシビリティ）と創造性（クリエイティビティ）の上に築かれていた。そのような外界に好奇心をもち関与して改変していく、文化的能動性を備えたヒトという存在を前提にして、以下ではその活動展開について考察していく。

2. ホモ・サピエンスの今とこれから

(1) 学びと教育、自己形成・自己拡張するヒト

文化的発展については、時間的スケールを考慮すると生物的身体（遺伝子）レベルからは離れて議論する方が混乱せずにわかりやすい。すなわち、千年、百年、数十年単位での文化的変化は、独自のメカニズムやダイナミズムとして考えた方が理解しやすいということである。文化や文明の基礎となった文字の起源は、最も古いとされる古代エジプトの象形文字（ヒエログリフ）でも約5～6千年前のことであり、古代都市や文明の形成と関係していたと考えられている。しかし他方では、無文字社会は最近まで世界各地にあったし、いわゆる文明を回避する集団や民族もいたのだった（スコット2019）。また、人によって読み書きが苦手な学習障害（LD）の方も一定数（数パーセント程度）はいる。また思いもよらない特殊な能力を発揮する人もいて、能力の未開拓領域や未分化の領域があるなど、ヒトの多様性につては未解明のところが多くある点は注意したい。

文化という概念の扱いは難しいことを前提に、ここでは進化のような概念とは切り離して、独自の展開としての技術論や能力の拡張過程という見方から論じていくことにする。すなわち以下では、広義の道具利用としては、身体や精神の機能の外部化ないし外なる能力拡張として考えていくことにしたい。手や足の身体的能力の拡張としては、身体外に各種道具類の利用を発展させてきた（生活用具、移動・生産手段）。他方で、頭脳の拡張としては言語や各種シンボルや抽象概念の獲得と利用を発展させてきた。その場合でも、言語利用は数十万年という時間経過での出来事なのだが、記号や数字・文字利用のような外部記録（情報）手段は千年単位ないし百年単位での経過で進行してきた。識字率の高まり、数字計算の普及、そし

て高等教育や高度な科学知識体系、先端科学技術などは、つい最近の出来事なのである。そして、その延長線の最先端での技術変革（イノベーション）として、今日のＡＩのような存在が登場してきたのだった。

そのような過程を一言で表現すれば、手足の外部的な延長・拡大とともに、とくに重要なのが頭脳の外部的延長として、コミュニケーションや認知能力の拡張が進み、高度な集合知と社会組織の編制が飛躍的に発展してきたことである。すなわち、宗教的な共同体から親族・部族・民族・国という社会的・政治的な組織化、貨幣・分業・市場交換による経済制度の形成までを含んだ、超共同体的存在として人間社会の形成を見ることができる。それは、比喩ないしアナロジー的には、個々の多数の細胞活動を土台として多細胞生物が高度な生命組織体（有機体）として成立する姿を彷彿とさせるものである。しかしこのアナロジーは、世界史的には専制・王政国家、帝国主義、全体主義国家（ファシズム）にもつながる側面をもつので注意が必要である。

いずれにしても文明以前から文明形成への経緯、文明史や世界史的な経過については、膨大な学問的な蓄積と知識が積みあがっており、ここでは割愛する。結論的には、環境改変能力の飛躍的発展が生じ、強大な生産力のもとで新たな巨大社会組織体が次々と形成され、まさに文明の飛躍的発展（大加速化）を実現したのだった。そのポジティブ（正）な側面は、過去に類のない物的豊かさ（繁栄）を広範に達成したことである。また、ネガティブ（負）な側面では、深刻な環境破壊や貧富格差、さらには軍事的脅威（ジェノサイド）までも生じている。

ここで、ヒトは文化・道具によって形つくられる社会的に構成されてくる生物であるという点に立ち戻るならば、文化ないし広義の道具と人間との関係性、人間形成と再生産の上に社会形成がどのように行われるのか、その内実を問う必要がある。人間能力の道具的拡張が、ヒトとしての個人レベルから集団組織体レベルまでどのような変化を生じさせたのか、今後に生じさせていくのかが問題なのである（本書の中村論考、松﨑論考を参照）。今日の人間は、社会の発展（高度化）に伴って、かつてないほどの知識や諸道具や社会関係を学びとって自己形成を計らねばならない。それは、学校教育での科目や教科内容の増大として現れ、さらには職業訓練、キャリア形成、リカレント教育、生涯学習への期待を生じさせている。日常生活でも、情報活用ツールとして、スマホやパソコンなどの利用が必要不可欠なものとして普及している。

こうした変化は、外見的には社会の変化として立ち現れてくるが、個々の人間にとっては幸福感や生きる意味など内面的な部分での変化としても生じてくる。外なる社会的変化は比較的わかりやすいことから、次に社会的な変容ぶりをざっと見ておこう。

（2）産業革命、情報革命、次なる「ソサエティ5.0」

人類史的な視野から社会変化を論じたものに、Ａ・トフラーの『第3の波』がある（トフラー 1980）。すなわち、第一の波の農業革命、第二の波の産業革命、そして第三の波として情報革命（脱産業化・情報化社会）を提示したもので、未来社会を論じる際によく参照されてきた。大きなイノベーションを的確に指摘したものであり、その変形バージョンとでも言える見方として、最近の日本で提起されたのが「ソサエティ5.0」（Society 5.0）である。これは、内閣府の第5期科学技術基本計画において、日本の目指すべき未来社会の姿として提唱された（２０１６年）。

すなわち、狩猟社会（Society 1.0）、農耕社会（Society 2.0）、工業社会（Society 3.0）、情報社会（Society 4.0）に続く、サイバー空間（仮想空間）とフィジカル空間（現実空間）を融合させた人間社会をSociety 5.0（第5世代の社会）として位置づけている。そこでは、人工知能、ロボット、ＩｏＴ、ブロックチェーン、

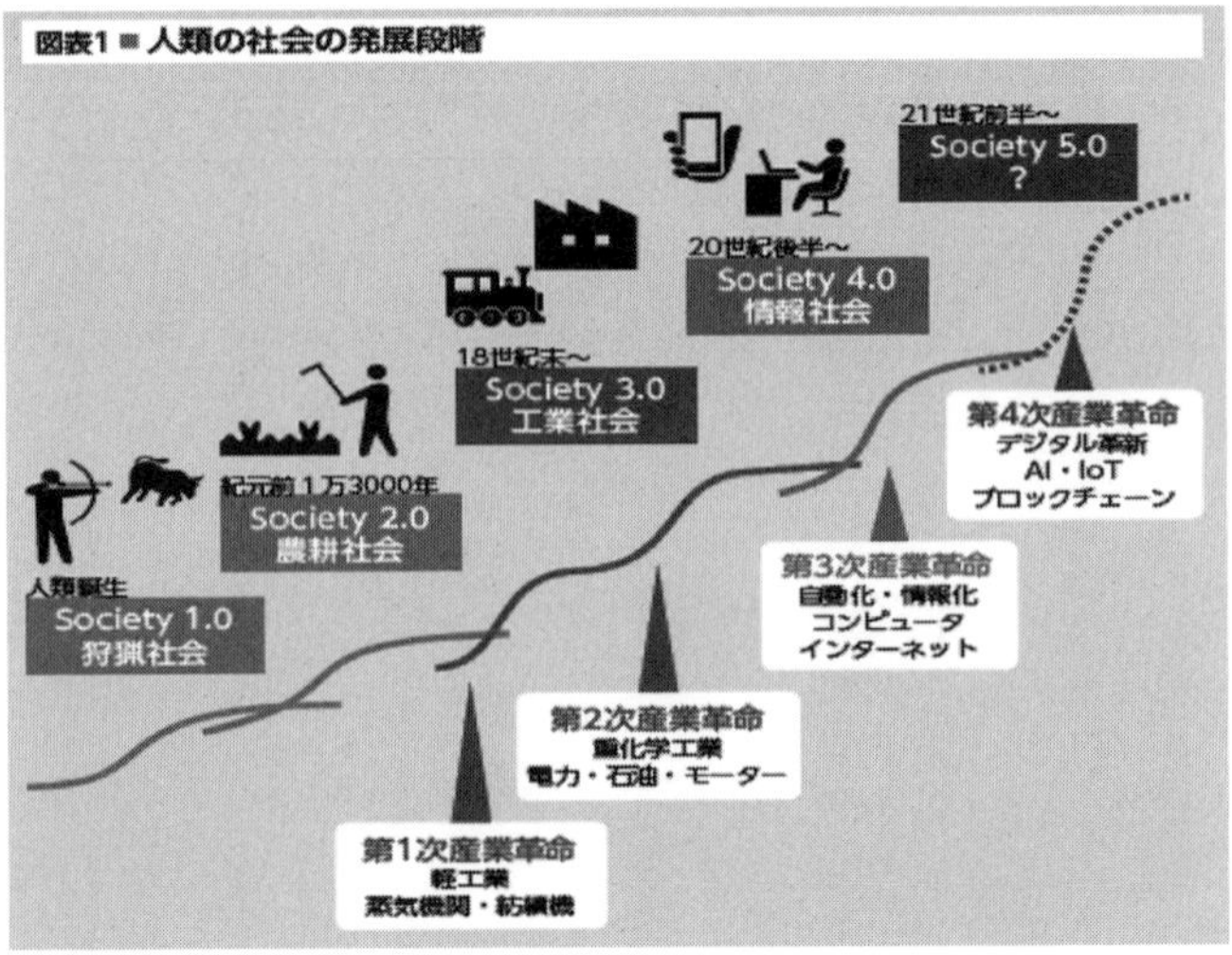

（参考図）
出所：経団連 HP　https://www.keidanren.or.jp/policy/society5.0.html

ビッグデータ、クラウドコンピューティング、バーチャルリアリティ、自動運転技術などの先進技術を活用し、社会インフラや産業、医療、農業、交通、エネルギー、環境、教育などの分野を改革して、持続可能で豊かな社会の実現を目指すことが強調されている。経団連（日本経済団体連合会）のＨＰにわかりやすい参考図があり、情報通信白書（２０１９年）にもデジタル経済との関連図があるので、上に示しておこう。

ソサエティ５.０は、人間中心の超スマート社会という構想であり、人工知能やＩｏＴ、ビッグデータなどの最新技術を活用した社会発展が楽観的に目指されている。しかしながら、その理想の裏面としては、社会的格差の拡大やその動きに乗れない人を排除する社会的分断を生む恐れも心配される。また人々の行動履歴や個人情報を活用する場面では、プライバシーの問題（個人情報漏洩）、社会が技術に依存しすぎることで技術的なトラブルや障害が生じてしまう社会的脆弱性を抱え込む可能性なども心配される。さらにＡＩやロボットへの依存が、人間関係の希薄化を生んだり、管理社会の強化ないし誘導が行われやすい問題も指摘されている。

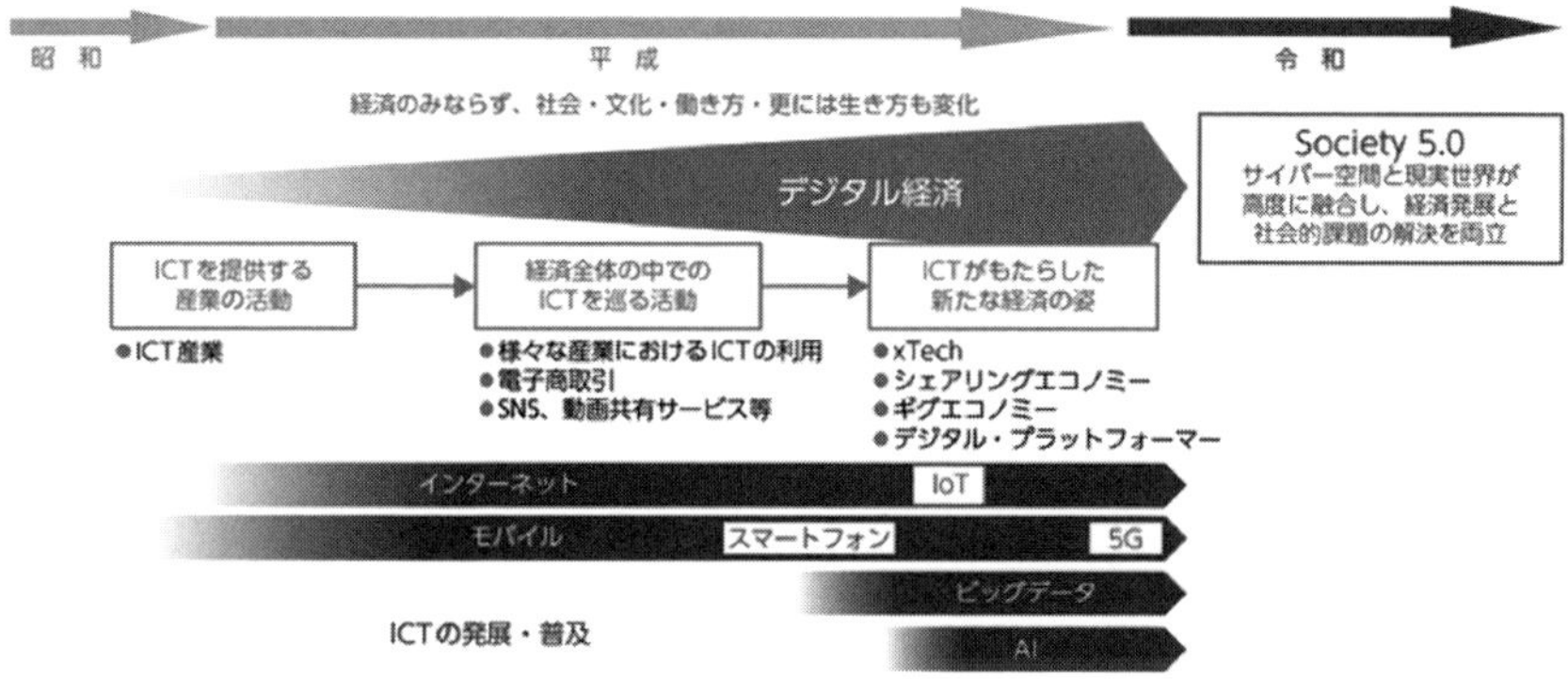

図表　進化するデジタル経済とその先にある Society 5.0　　出所：（情報通信白書 2019）

こうした社会構想が教育面に投影される動きとしては、ギガスクール構想（文部科学省の教育改革案、2019年12月発表）がある。教育現場に情報技術の活用を促進する政策であり、全国の小中学校に対して高速インターネット環境を整備し、児童・生徒にタブレット端末を配備することが進んでいる。デジタル経済に対応する高度人材の育成や新産業の担い手を想定しての取り組みだが、指導教師の不足や活用のための条件未整備などが指摘されている。タブレット端末の長時間利用による目の疲れや姿勢の悪化、運動不足、思考力や知力へ諸影響など、未知の部分もある。すでに若年層のスマホ依存、ネットやゲーム中毒症などといった深刻な状況もあり、上記の管理社会化の生き苦しさなど、プラス面のみならずマイナス面を総合的に配慮した政策改善が求められている（『総合人間学16、11』）。

（3）近未来からの人間への問いかけ

大きな変革期を迎えている現代社会なのだが、その先をどう見通すかについて、もう一歩踏み込んで考えてみたい。その際に参考になるのが、ある種のリアリティを実感させてくれる小説や映画などに描かれた作品である。すでにポストヒューマン的な時代状況が、さまざまな視点で描かれていて、教えられ考えさせられることが多い。

最近の小説の話題作に、ノーベル文学賞作家カズオ・イシグロ氏のＡＩ小説『クララとお日さま』（土屋政雄訳、早川書房、2021）があるので、一例としてふれておこう。近未来世界でロボット（主人公）クララが病弱な少女ジョジーと出会いと友情を育んでゆく物語なのだが、純粋一途のロボットのクララの目から矛盾に満ち満ちた人間世界が映し出される。理解しがたい人間存在に無心に寄り添い、記憶のすべてを反芻していくようなクララの健気さが際立つ作品である。そこでは人間という存在が、クララによって逆照射されるように描かれていて実に興味深い。内容は全く異なるのだが、似たような構図でロボットを主人公にした映画に『ＡＩ』がある（スティーヴン・スピルバーグ監督、2001）。こちらは少年型ロボットで人間達に翻弄されつつ、最後まで人間になる夢を秘めたまま人類絶滅後の未来世界にたどり着くという話である。

他方、早くから「分人主義《ぶんじん》」（個人主義とは異なる人間観）を提起して（平野 2012）、それをモチーフに数々の作品を生み出してきた作家の平野啓一郎氏の最近作、『本心』（文藝春秋、2021）という作品も注目したい。２０４０年代の日本を舞台に事故で亡くなった母をＡＩとＶＲ（仮想現実）技術で「ヴァーチャル・フィギュア（ＶＦ）」として再生させて展開する物語である。仮想と現実が交差し共存している近未来世界で、出生の謎を心に秘めて亡母の面影と過去の痕跡を追いながら日々の生活が推移・展開していく。詳細は省くが、ゆれ動く心の奥底を通して、人間と非人間を超えたレベルでの人間の生きる意味を、明暗を織り交ぜて問いかけてくる内容である。こうした諸作品からは、技術発展の楽観的ビジョンとは別次元で、人間本来の生き方や幸せとは何かについて、根源的な問いが突きつけられる。

さらに現実世界の動向においても、未来から現存する人間の在り方を問いなおす試みは、すでに数多く行われてきた。ポストヒューマンに関連する概念は、すでに１９６０年代からサイエンス・フィクション（SF）にて話題となり、人工知能（AI）の技術開発に関連して語られてきた。それが、思想ないし世界観のような姿で登場してくるのがトランスヒューマニズム（超人間主義）という考え方で、1998年に世界トランスヒューマニスト協会が設立されている。世界100カ国以上に活動が広がり、日本トランスヒューマニスト協会は2018年から活動している。

同協会によれば、「トランスヒューマニズムは、生命を促進する原則と価値に基づき、科学技術により現在の人間の形態や限界を超克した知的生命への進化の継続と加速を追及する生命哲学の一潮流である」（マックス・モア、日本トランスヒューマニスト協会HP）と説明している。そこには、芸術分野を含む多種多様な考え方を含んでおり、人間の生物的な限界を科学（生命科学等）やテクノロジー（AI等）で克服して新たな可能性を切り拓くことが目指されている。小さなICチップを体内に埋め込んだ若者の姿がメディアで紹介されたことから、その存在を知った方も多いだろう。

より現実的に存在感を示したのが、運動ニューロン疾患（ALS）で余命2年宣告を受けたピーター・スコット・モーガン氏の登場である（2017年）。動作が困難になった彼は、自らに機械装着してサイボーグ化する実験を試みたのである（ピーター 2021）。2021年末のNHK「クローズアップ現代＋」で「ピーター2.0 サイボーグとして生きる 脳とAI最前線」がとりあげられて、日本でも広く注目された（2021年末）。しかし、その翌年2022年6月、ピーター氏は残念ながら逝去されている。

（4）道具の発展、能力拡張はヒトをどう変えるか？

すでにふれたように、ヒトは後天的に学習によって人間として形成される可塑性が大きい存在であることを大前提にして、ポストヒューマンについて論考を進めていこう。極端な例としては、紛争地で養育さ

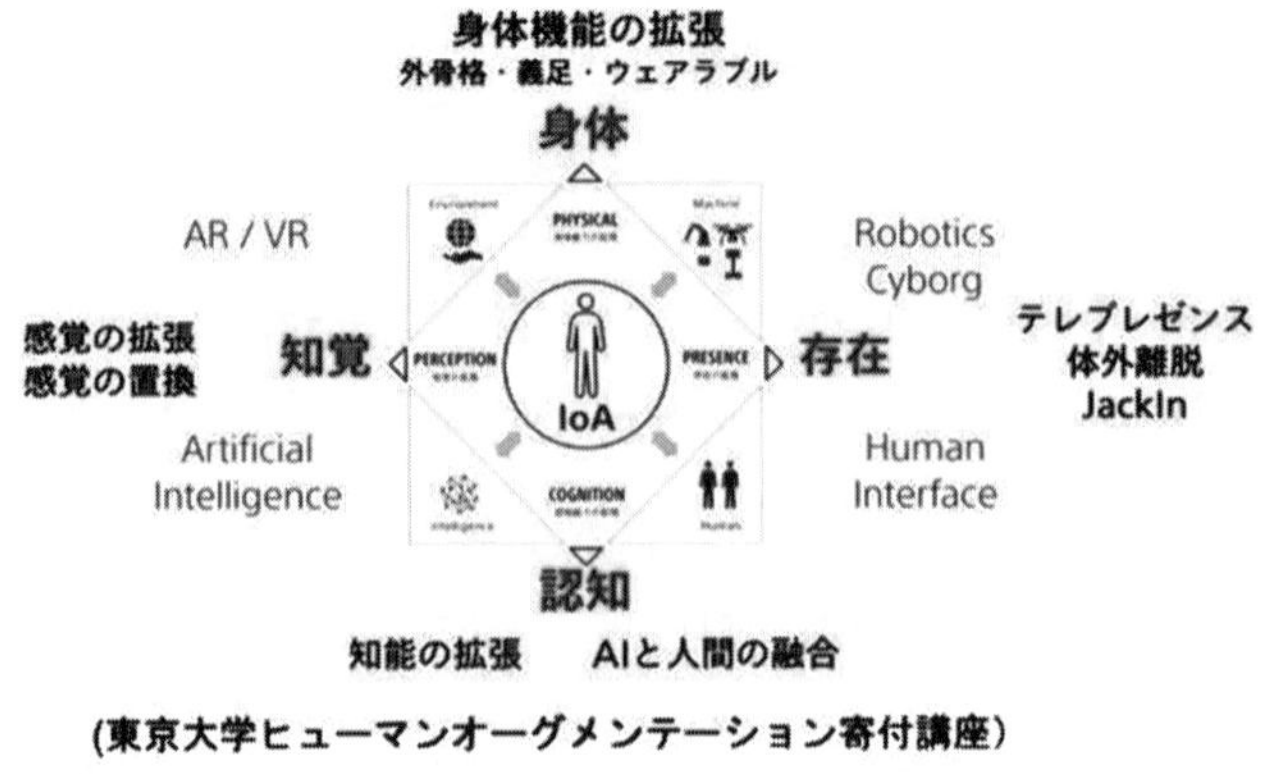

（人間拡張の４分類）
出所：人間の能力を拡大する「人間拡張」は人を幸せにするのか？【CEDEC2021】
https://www.moguravr.com/cedec.2021.report/

れた少年兵の姿や、私たちを震撼させたオウム真理教の殺人事件を見てもわかる通り、まさに人間とは、形成される存在なのである。このことは、世界各地に生きる人々が、衣食住から婚姻形態までいかに多種多彩な風俗・慣習・文化によって生きてきた存在なのか、それは文化人類学が詳細に明らかにしている。

基本的には、ヒトという生物としての形態と機能という器（物質的・生物的基盤）を前提にしつつ、人間は個性（自己）を保持しながら、社会（家族、各種コミュニティ、国、世界）の複雑な集合体に組み込まれて、人格形成されてくる存在である。そのヒトの姿はきわめて流動的で可塑性が高い存在である。そのような特徴ゆえに、人間存在が大きな流動局面を抱える現代において、まさにポストヒューマン的な姿までも想起させているのである。

人間の可塑性を土台に、テクノロジーによる人間拡張はすでに多く論じられている。東京大学ヒューマンオーグメンテーション寄付講座（ソニー寄付講座2017／2020）では、人間拡張の方向性を大きく「身体」「知覚」「存在」「認知」の４つに分類し、この４つが相補的に組み合わさりながら進んでいくのが人間拡張だとしている（図）。

すなわち「身体」の拡張とは、義足や外骨格をはじめウェアラブル（装着）デバイスとして身体機能を拡張するものである。「存在」の拡張とは、今ここの存在を超え出ていくテレプレゼンスや体外離脱的な拡張、存在や感覚を他のものに接続・拡張（ジャックイン）していき、遠隔地や空間の壁を超えるような技術展開である。「知覚」の拡張とは、存在拡張との重なりもあるが、感覚の拡張や置換などによって、いわゆるAR・VR（人工現実・架空現実）などを生み出していく技術展開である。そして「認知」の拡張とは、上記と重なりつつ知能や認知（学習や理解）が拡張されていく、とくにAIと人間の融合などによって実現されるものである。

このような拡張技術における商業的展開の具体例としては、アバター（分身・化身）やメタバース（超仮想世界）が注目されている（詳細は、本書の久木田論考を参照）。従来からのゲーム業界のみならず話題となったものに「バーチャル渋谷」（仮想の渋谷空間にてアバター体験できる：渋谷5Gエンターテイメントプロジェクト、渋谷区公認配信プラットフォーム）などがある。また脳AI融合の最前線の研究状況については、『脳と人工知能をつないだら、人間の能力はどこまで拡張できるか』という、そのものずばりのタイトルの本が刊行されている（池谷・紺野 2021）。同書では、研究の最前線（池谷脳AI融合プロジェクト）のみならず、AIによる脳の限界のアップデート、トランスヒューマン的な共進化への未来が展望されている。

図の4分類は、個人を中心に世界への拡張の様子が示されており、人間拡張としてはわかりやすい。テクノロジーが私たちの能力を拡張していくわけだが、第一印象としては人間が機能的存在（ロボット的存在）として扱われ、まさしく工学的な発想（機能拡大）において能力拡張が想定されている。ここで気になる点としては、中心に位置する人間存在と、その外延に拡張されていく世界の在り様である。もう少し言えば、中核部に位置する人間形成と、外延部での世界形成という2側面について、相互作用という点であまり深い考察がみられない点が気になるところである。詳細に論じる余裕はないが、この2側面での論点について、締めくくりとして簡潔に論じておこう。

（5）人間拡張で、何が拡張されるのか

私たちヒトの中核部にある人間形成は、拡張技術によってどのような影響が及ぼされるのだろうか。言いかえれば、自己という存在の揺らぎをどう考えるかである。ここではAI技術を想定しているのだが、似たような存在拡張的な事態については、すでに古くから諸道具や乗り物などにおいて、あるいは酒や麻薬などの薬物利用でも見られたのだった。より身近なところでは、分身ないしは投影的な存在として「人形」などが古今東西に存在してきたことから、私たちはすでに心理的には一種の拡張現実的に利用し親しんできた（北山 1977、菊池 2018）。最近もドール（着せ替え人形）ブームが再来している。そこには、人間の情念が呪術、愛玩、鑑賞などを通して人形に投影されてきた多様な経験知があり、人間存在の奥深い感性が人形との関わりで様々に映し出されてきたことから、AIやアバター、アンドロイドやロボットで実体化する世界についても多くの示唆をくみ取ることができそうである（金森 2018）。

そして私たちは、武道や芸能やアート、そしてスポーツなどのように直接的な身体向上においても、能力拡張的な体験をそれなりに積み上げてきたのだった。そうした拡張においては、問題が生じないように具体的な方策として、精神修養、免許皆伝、資格試験、運転免許証、薬物禁止といったような調整の仕組み、倫理規制や法整備などによって折り合いをつけてきたのである。その意味では現在、AI倫理規定（人工知能学会・倫理指針 2017、ユネスコAI倫理の国際規範 2021）の動きや、ロボット倫理の想定（久木田ほか 2017）、生命操作に関しても応用倫理学（澤井 2021）などの動きがあり注目される。しかし、従来から延長線上でどこまで対応が可能かどうかは、決して楽観視できない。

他方、現実の研究レベルの動きはすでにかなり先行しており、拡張の状況をより実感をもって究明する試みが行われている。マスコミでよく紹介される例に、アンドロイドやロボットと直接ふれあい、人間と緊密なコミュニケーションを交わすことでヒトの内面や精神をさぐる研究などがある（「石黒共生ヒューマンロボットインタラクションプロジェクト」石黒2021）。また前述の「池谷脳ＡＩ融合プロジェクト」では、動物レベルでＡＩと脳の接合実験や研究が進められており、その関連では人間と機械の接合や一体化を予測し研究する「稲見自在化身体プロジェクト」などが進行中である（池谷・紺野2021）。

一方、人文社会学系での研究動向は、論壇レベルが中心で現実対応としては後手に回っているかにみえる。模索段階という状況だが、とくにヒトの存在自体の可塑性を考えたとき、近代的自我の自己意識自体が歴史的に形成されてきた経緯や今後の展開については真剣に考えておく必要がある（本書の上柿論考、上柿2021）。哲学や思想分野のみならず、メディア論や存在論からのアプローチもあり、例えば「メディオーム」という存在様式の提示（吉田2021）や多様な時空的関係性の生成から人間存在を問う視点（浜田2021）などは注目しておきたい。

精神面での論点も気になるところである。かつてよく見られた憑依《ひょうい》現象（のりうつり）や今なお散見される解離性同一症（通称、多重人格障害）などを思い起こせばわかるが、ヒトの人格自体の可塑性や流動性という点は熟考すべきところである。近年話題のスマホ依存症のみならず、いわゆる電子メディアの急速な普及過程で問題視され出した内面の固有性の希薄化という心配である。少し前の本になるが、Ｂ・サンダース著『本が死ぬときに暴力が生れる　電子メディア時代における人間性の崩壊』（杉本卓訳、新曜社、1998）などは参考になる。人格形成が身体性と言語能力に深く結びついて生成されてくる点に注目して、人格の統一性や連続性が揺らぎ出していく事態への懸念が提示されている（本書の中村論考も参照）。

もしかすると、人間能力が外部化されてＡＩや情報機器に転化していくことで能力拡張していく反面では、内面性（精神性）の希薄化が進んでいくのかもしれない。ポスト近代ないし能力拡張という新時代における人間の変容としては、人格の統一性の揺らぎの中で断片化と非連続性の時代に入りつつあるとの見方も成り立ちそうである（大山 2015）。他方では、そこに新たな人格形成を展望する考え方（分人主義やトランスヒューマニズム）もあることから、大きな論点として検討すべき重要課題であることは間違いない（本書の久木田論考、中村論考を参照）。

そしてさらに、トランスヒューマニストに象徴されるような人間拡張への欲求に、なぜ私たちが魅了され駆り立てられるのかという論点もある。さまざまな見方が成り立つが、一つの見方としては、進化的な源泉に深く根ざしていると考えることもできそうである。人間の進化や自己家畜化論などで引き合いにされる幼生成熟（ネオテニー）や幼形進化（ペドモルフォーシス）を想定すると、幼さがもつ特徴（幼児的好奇心の強さ等）の形質発現として、トランスヒューマンへの希求が現れていると見ることも可能ではなかろうか。その見方でトランスヒューマン思想について冷めた目で見ると、まさに幼児的な自己拡張意識の現れとして、人間の変容を促したいとの潜在的な欲求が作用していると見てもおかしくはないだろう。

（6）能力拡張、ポストヒューマンの行方

次に外延への世界拡張に関しても一言ふれておこう。道具・技術と人類の創造性に着目した思想家では、「創造的進化」などで知られる哲学者アンリ・ベルクソン（1859–1941）のホモ・ファーベル（工作人）ほか興味深い思索が展開されている。外延としては、インターネットの世界を思い浮かべればわかるが、人間の個人が拡張されるだけではない側面がある。インターネットが結びつける情報ネットワーク世界を、グ

ローバル・ブレインと表現されてきたように、ネットワーク上で人間同士や機械やロボットを含めた超有機体的なネットワーク形成についても、拡張概念としては考察していく必要がある（立花 1997）。それは個人のポストヒューマンというより、超構成体とでも言うべき発展的な存在形態、総体として展開する有機的存在を想定しての拡張的視点である。その先駆的な思想に、立花隆が注目したテイヤール・ド・シャルダンのような進化を精神圏にまで拡張する思想家（著作集〈2〉『宇宙におけるヒトの位置』みすず書房、1972）などが注目される（立花 2021）。

見方は異なるが、同じく巨視的な視点から生命活動の拡張として論じる試みとしては、ケヴィン・ケリーが提起する「テクニウム」の概念がある。道具利用という人間の外部での能力拡張について、独自のテクノロジーの進化様式としてとらえる考え方である。従来、テクノロジーについては人間がつくり出す道具利用のあり方として外部的に捉えがちだったものを、彼は「テクノロジーは自己強化する創造システムである」として、自律的に進化していく存在様式（テクノロジーの自己生成的な展開）としてとらえる。かなり壮大な考え方で、生物進化における生物の環境適応もテクニウムの原初形態としてとらえ、人間によるテクノロジー発展（ヒトの強化）もテクニウムの進化としてとらえるのである。その延長線上で、ヒトを超える人工知能（AI）が生まれてくるとして、テクノロジーが大規模に結び合わさるシステム（テクニウムの進化系）というもう一つのポストヒューマン的世界像を想い描いている（ケリー 2014）。

有機的進化（生物）と無機的進化（道具・技術）の融合・発展形として、新たな未来世界を想定する大胆な思想である。似たような想定をしながら、批判的視点から鋭い洞察をする気鋭の哲学者にベルナール・スティグレールのような進化的技術論もあるのだが、哲学用語による難解さがあるため指摘するだけにとどめる（スティグレール 2009）。テクニウムなどで気になるのは、現実認識として見落とすべきでない重要な論点が多々見過ごされていることである。とくに懸念として指摘しておきたい論点としては、ヒトの認知能力の拡張が国境を越え宇宙にまで及ぶにもかかわらず、国内外での軋轢は治まらずに、時に内戦やジェノサイド（集団殺害）、軍事衝突まで引き起こしてしまう人間集団の統治能力の不完全性や欠陥性という問題である。かつてない豊かさを実現した一方で、とてつもない格差と貧困を生み出してしまう問題もあり、これは人間の拡張性が抱える本質的矛盾と言ってもよいだろう。外向的な世界への認知拡張の反面で、それは自ら（内面）の歪み（世界認識の歪）への認識の希薄さ（無自覚）というアポリア（難題）なのかもしれない。

かつて、ルイス・マンフォード著『機械の神話：権力のペンタゴン』（生田勉・木原武一訳、河出書房新社1973）が提示したような、総合的で批判的な技術論ないし人間論、文明論が必要とされているのではなかろうか。人間社会が内在している、巨大集団が織りなす文明様式がはらむ諸矛盾について、巨大機械（メガマシン）化した姿としての存在様式を、トータルに批判的にとらえる分析視点である。人間存在をメガマシンとしてとらえる際に、その動的なメカニズムについては、かつてカール・マルクスが著した『資本論』のような発想から、現代社会や経済システムの再構築を目指す試みも必要だと思われる。

人新世という時代のとらえ方に対して、大加速化をもたらしている中核的な動態に、人間が産みだし拡大増殖する「資本」という存在に着目して「資本新世」という概念が提示されているが、一考に値する問題提起である（ムーア 2021）。あるいは、最新のデジタル革命が人々の個性や選択的自由までも囲い込んでゆく、新しい道具主義的な集産的管理社会の出現を鋭く分析したショシャナ・ズボフ著『監視資本主義　人類の未来を賭けた闘い』（野中香子訳、東洋経済新報社、2021 年）なども注目される。あらためて、骨太の文明論や疎外論、社会・経済学批判のような試みが求められているのではなかろうか。

以上、課題ばかりを大言壮語したのだが、当面は、既述したように従来通りの事後的対応として、さまざまな制度や倫理・慣習の形成などにより、個別的に対処していくしか方策がないのかもしれない。しかし、これまでの人間の歴史を見るかぎり、繁栄の一方で陥りかねない大きな落とし穴には注意すべきだろう。かつて、科学の世紀の幕開けにおいて悲惨な世界大戦を人類は引きおこしている。とくに第2次世界大戦時には、科学技術大国ナチスの台頭と優生学の隆盛がおきたように、かつてない未曽有の落とし穴への陥落もあり得ないことではないのである。

最後になるが、私たちヒトの能力拡張については、もう少ししっかりとした見取り図は持てないものだろうか。それを、総合人間学において期待したいところなのだが、現状認識さえもなかなか追いつき難いというのが率直なところである。本稿では、駆け足でヒトの過去・現在・未来について、筆者なりに俯瞰してみた。また本書の他章では、ポストヒューマンへの考察や人間存在への多面的な見方が示されており、人間理解の一助になることを期待している。

今後の課題としては、ヒトの存在様式について、生物学、進化学、脳科学などの基礎研究とともに、人類学、歴史学、哲学、心理学、教育学、社会学、情報学、宗教学そして文学や芸術学、政治学、経済学、工学にまでまたがる広義の学際的な研究が必要だと思われる。ヒトの存在様式、人間存在と社会編成に関する考察を、諸分野と諸学問の集合知の結集の中で一歩ずつ進めて行く努力に期待したい。

また本稿ではふれる余裕がなかったが、人間社会の変遷を食・農・環境を切り口にして時代動向をサステナビリティ（持続可能性）の視点から考察するアプローチや、現代世界が直面している大きな3つの難局として、生存環境の危機（地球環境問題）、社会・経済編成の危機（格差・貧困）、実存的な危機（存在不安）から総合的に論じるアプローチなどについては、改めて別途で論考することにしたい（古沢 1995, 2016, 2018, 2020）。

参考文献

- テルモ・ピエバニ（2021）『人類史マップ　サピエンス誕生・危機・拡散の全記録』小野林太郎監修、日経ナショナルジオグラフィック社
- アルビン・トフラー（1980）『第三の波』鈴木健次・桜井元雄訳、徳山二郎監修、日本放送出版協会
- 池谷裕二・紺野大地（2021）『脳と人工知能をつないだら、人間の能力はどこまで拡張できるのか――脳ＡＩ融合の最前線』講談社
- 石黒浩（2021）『ロボットと人間――人とは何か』岩波書店
- 入來篤史（2022）「「レジリエント・サピエンス」の神経生物学――人類進化と文明発達の相転移」稲村哲也・山極壽一・清水展・阿部健一編『レジリエンス人類史』第３章、京都大学学術出版会
- 上柿崇英（2021）『〈自己完結社会〉の成立――環境哲学と現代人間学のための思想的試み〈上・下〉』農林統計出版
- 大山泰宏（2015）『人格心理学　改訂新版』放送大学教育振興会
- 金森修（2018）『人形論』平凡社
- 菊地浩平（2018）『人形メディア学講義』河出書房新社
- 北山修（1977年）『人形遊び――複製人形論序説』中央公論社
- 久木田水生（2017）（共著）『ロボットからの倫理学入門』名古屋大学出版会
- クリガン＝リード，ヴァイバー（2018）『サピエンス異変――新たな時代「人新世」の衝撃』水谷淳・鍛原多惠子訳、飛鳥新社
- ケヴィン・ケリー（2014）『テクニウム――テクノロジーはどこへ向かうのか？』服部桂訳、みすず書房
- 澤井務（2021）『命をどこまで操作してよいか――応用倫理学講義』慶應義塾大学出版会
- ジェイソン・W・ムーア（2021）『生命の網のなかの資本主義』山下範久監訳・滝口良訳、東洋経済新報社
- 篠田謙一（2022）『人類の起源――古代DNAが語るホモ・サピエンスの「大いなる旅」』中央公論新社
- ジェームズ・C・スコット（2019）『反穀物の人類史――国家誕生のディープヒストリー』みすず書房
- ジョセフ・ヘンリック（2019）『文化がヒトを進化させた――人類の繁栄と〈文化－遺伝子革命〉』今西康子訳、白揚社
- スティーブン・ピンカー（2015）『暴力の人類史〈上・下〉』幾島幸子・塩原通緒訳、青土社
- 立花隆（1997）『インターネットはグローバル・ブレイン』講談社
- 立花隆（2021）『サピエンスの未来――伝説の東大講義』講談社
- トム・スコット＝フィリップス（2021）『なぜヒトだけが言葉を話せるのか――コミュニケーションから探る言語の起源と進化』

畔上耕介・石塚政行・田中太一・中澤恒子・西村義樹・山泉実訳、東京大学出版会
- 浜田陽（2021）『生なる死――よみがえる文化の時空』ぷねうま舎
- ピーター・スコット・モーガン（2021）『NEO HUMAN　ネオ・ヒューマン――究極の自由を得る未来』藤田美菜子訳、東洋経済新報社
- ピーター・ブラネン（2019）『第6の大絶滅は起こるのか――生物大絶滅の科学と人類の未来』西田美緒子訳、築地書店
- 平野啓一郎（2012）『私とは何か――「個人」から「分人」へ』講談社
- ブライアン・ヘア&ヴァネッサ・ウッズ（2022）『ヒトは家畜化で進化した――私たちはなぜ寛容で残酷な生き物になったのか』藤原多伽夫訳、白揚社
- 古沢広祐（2023）「人新世におけるヒトの大加速化、文化進化、自己家畜化に関する一考察――総合人間学の構築に向けて（4）」総合人間学（OL.J）第17号
- 古沢広祐（2022）「ポストヒューマンから人間存在を問う意義――『総合人間学』構築のために（試論・その3）」総合人間学（OL.J）第16号
- 古沢広祐（2020）『食・農・環境とSDGs――持続可能な社会のトータルビジョン』農山漁村文化協会
- 古沢広祐（2018）「『総合人間学』構築のために（試論・その1）―自然界における人間存在の位置づけ―」総合人間学（OL.J）第12号
- 古沢広祐（2016）「人類社会の未来を問う――危機的世界を見通すために」総合人間学（OL.J）第10号
- 古沢広祐（1995）『地球文明ビジョン――環境が語る脱成長社会』日本放送出版協会
- ベルナール・スティグレール（2009）『技術と時間1――エピメテウスの過失』石田英敬監修・西兼志訳、法政大学出版局
- 吉田健彦（2021）『メディオーム――ポストヒューマンのメディア論』共和国
- リチャード・ドーキンス（1991）『利己的な遺伝子』日高敏隆・岸由二・羽田節子・垂水雄二訳、紀伊国屋書店
- リチャード・C・フランシス（2019）『家畜化という進化――人間はいかに動物を変えたか』西尾香苗訳、白揚社
- リチャード・ランガム（2020）『善と悪のパラドックス――ヒトの進化と〈自己家畜化〉の歴史』依田卓巳訳、NTT出版
- レイ・カーツワイル（2007）『ポスト・ヒューマン誕生――コンピュータが人類の知性を超えるとき』井上健監訳、日本放送出版協会

（ふるさわ　こうゆう／國學院大學研究開発推進機構客員教授／持続可能社会論・環境社会経済学）

「ポストヒューマン時代」と「ヒューマニズム」の亡霊

「ポストモダン」／「反ヒューマニズム」状況下における「自己決定する主体」の物語について

上柿崇英

1．はじめに――前稿からの継承と本稿の問題意識

筆者は２０２２年の研究大会において、シンポジウム「ポストヒューマン時代が揺るがす人間らしさ」、およびワークショップ「『ポストヒューマン時代』をめぐる哲学／思想的諸問題について」という二つの報告を行った[1]。その詳細については、『総合人間学（書籍版、第16号）』（上柿2022a）において詳しく論じたため、本稿では前稿の内容を振り返ったうえで、そこで十分踏み込めなかった新たな論点について考えてみたい。

（1）前稿までの議論の確認

まず、本論の出発点となる問題意識とは、今日のわれわれがビッグデータ、AI、ロボット、生命操作などの技術的進展を経て、身体と機械、脳とAI、治療と人体改造の境界が曖昧となっていく時代を生きており、それはこれまで自明とされてきた「人間」の概念が通用しなくなる時代であるという意味において、「ポストヒューマン時代」と呼ぶべきものであるということであった。

前稿では、ここから①「ポストヒューマン時代」とは何か、②〈自己完結社会〉という視座、③「世界観＝人間観」をめぐる問題、という三つの論点から議論を進めてきた。そしてそこで最大の焦点となったのは、「ポストヒューマン時代」がしばしば「人間疎外」や「管理社会化」の時代として批判される一方で、人々の行う自己決定という側面においては、その機会が量的にも質的にも着実に増大していくという問題であった[2]。確かに全身をサイボーグ化すること、アンドロイドを伴侶とすること、バーチャル空間（メタバース）に生活の舞台を移すこと、これらは一見「人間性」を破壊する行為にも見える。また「ＡＩに身を委ねる」と聞いて、そこから多くの人々は支配や管理や全体主義を想起してしまうかもしれない。しかし技術を適切に運用することさえできれば、われわれはよりいっそう自身が何ものであるのかを自分自身で選択できるようになる。また、煩わしい日々の雑務からよりいっそう解放され、自らの貴重な時間をますます創造的な活動に割くことができるのである。農耕、鉄道、自動車、家電製品、電話、ラジオ、ＰＣ、インターネット――新たな技術が登場するとき、人々は常にそれらを脅威として受け止めてきた。われわれが感じている戸惑いは、もしかすると狩猟採集民がギザのピラミッドを見て思うこと、農耕民が電車に揺られるサラリーマンを見て思うことと同じものかもしれないのである。「ポストヒューマンな存在」になることは、明らかに人々の自己決定や自己実現を拡大させる。そしてわれわれが思う人間的理想、例えば自由、平等、多様性、共生といったものを実現するための切り札が、まさしく自己決定や自己実現の拡大にあるとするなら、われわれはむしろ「あるべき人間性」を実現するためにこそ、積極的に自身を改造し、「ポストヒューマンな存在」になった方が良いという論理的な帰結でさえ導出されうるのである。

　こうした主張に対して、ある人々は技術のもたらす更なる脅威について説明しようとし、またある人々は、新たな技術が決して真の意味では理想を実現しないと説明するかもしれない。しかし本論が着目したのは、いずれとも異なる点であった。すなわち問題の本質は、むしろわれわれの掲げてきた人間的理想のなかに、とりわけ自己決定が「あるべき人間性」の中心にあるとする「世界観＝人間観」そのものにあるのではないかということである。

　そのことを理解するために、本論では〈自己完結社会〉、あるいは思考実験としての「脳人間」世界といった概念を導入してきた。〈自己完結社会〉とは、人々が主として市場経済、官僚機構、インターネットを媒介する形で統合され、直接的な関係性を取り結ばなくとも生きることそれ自体は実現できてしまう社会のことである。また「脳人間」世界とは、そこからさらに進んで、身体を捨てて脳だけになった人々が、生活の舞台を完全にバーチャル空間（メタバース）へと移行させ、主たる人間関係もまた、自分好みのバーチャル人格が演出してくれる物語のなかへと移行させた世界のことである。もしも自己決定や自己実現が人間にとって至上のものだとするならば、「脳人間」世界は、「意のままにならない他者」からも、「意のままにならない身体」からも解放されたユートピアとならなければならない。そこには個人を抑圧するものは何もなく、その人が望めばいかなる関係性を結ぶことも、またいかなる自己になることも可能だからである。しかしそうした世界に、人は〝生きる意味〟を感じることはできない。ここにある逆説とは、人々が切望してならない「意のままにならない生」からの解放が、究極的には無意味な世界を出現させるということなのである。

　われわれは「ポストヒューマンな存在」になることによって、その分「自由」と「平等」を実現させることができる。しかしその先に待っているのは、自己満足のなかで孤立した〝自己完結人間〟たちの群れとともに、無色透明の虚無でしかない。したがってわれわれに求められているのは、「ポストヒューマン時代」に相応しい、新たな「世界観＝人間観」そのものを構築していくことである。それが、前稿で導き出された結論であった。

（2）本稿の目的と課題

以上の議論を踏まえたうえで、本稿が試みたいのは、こうした逆説を孕んだ「自己決定」をめぐる人間的理想に再び焦点をあわせ、それがいかなる思想的な経緯のもとで成立してきたのかを探ってみることである。そして本稿では、その分析をもとに、「ポストヒューマン時代」が問いかけている問題について別の角度から迫ってみることにしたい。

手がかりとなるのは、「ヒューマニズム」から「反ヒューマニズム」への移行という思想史上のパラダイムシフトである。もともと「自己決定」の概念は、「自律した主体」や〈自立した個人〉の概念と深く結びついており、それらを下から支えていたのが「ヒューマニズム」であった。「自律した主体」とは、人々が無知や迷信、権威や権力といった外力から解放され、自ら思考し、自ら判断できる存在になるということを意味している。またそのためには、人々が一定の経済的な独立性と、外力に抗う精神性を求められるため、そうした主体は〈自立した個人〉とも呼ばれてきた。そして人間とは、理性を用いてさまざまな桎梏からおのれ自身を解放し、「あるべき人間（社会）」に向かって絶えず進歩し続ける存在であること、その確信こそが「ヒューマニズム」であり、「自己決定」の概念は、こうした枠組みによって支えられてきたのである。

ところが、今日われわれが用いている「自己決定」の概念には、こうした枠組みからはいくつかの点で隔たりがある。ひとつは、その主体像が徹底して価値中立的かつ個人主義的なものとなっていること、もうひとつは、その力点が〝意志のあり方〟というよりも、〝存在のあり方〟をめぐって語られるようになっていることである。端的に言えば、自身が何ものであるのかを自ら定義できること、それによって不利益を被ることなく、その過程で不本意に介入されることもない、それが現代的な意味での「自己決定」の特徴なのである。

こうした「自己決定」概念が形作られてきた背景には、おそらく「ポストモダン」の到来と、「ヒューマニズム」への批判として登場した「反ヒューマニズム」の存在が深く関わっている。そこでの問題提起とは、第一に、人類の進歩は普遍的な真理などではなく、ひとつの「大きな物語」にすぎなかったということ、第二に、われわれが「主体」と呼んできたものは、関係性に張りめぐらされた「ミクロな権力」による訓練の結果、換言すれば、不可視化された強制や排除の産物にすぎなかったかもしれないということ、第三に、そこでの「人間」とは、実のところ五体満足で健康なヨーロッパの白人男性でしかなく、そもそも普遍的な「人間」などというものを想定すること自体が間違っていた、といったことである。

しかし「ポストモダン」や「反ヒューマニズム」の方法論には、大きな問題が含まれていた。それは、この新しい潮流が「ヒューマニズム」を打ち倒した代わりに、われわれが向かうべき指針までをも解体させてしまったことである。ただし、ここにはひとつだけ〝出口〟が存在していた。それは、問題の核心部分を「存在論的な抑圧」――諸個人の存在のあり方を〝かくあるべき〟と抑圧、強制するもの――の存在に定め、「存在論的な自由」――諸個人が自身のあるべき姿を自ら定義することができる――の拡大こそがわれわれのなすべきことであると理解することである。そうすれば、「反ヒューマニズム」の問題提起と矛盾することなく、われわれは万人にとって受け入れ可能なビジョンを手にすることができるからである。

こうして、前述した価値中立的かつ個人主義的な「自己決定」の概念が成立してきた。ところがこの新しい人間的理想こそが、まさしく「ポストヒューマン時代」の到来によって、新たな矛盾を顕在化させつつあるのである。実は「自己決定する主体」のビジョンには、別の問題が含まれていた。それはいったん「存在論的自由」の獲得という目標が定位してしまうと、その理想は徐々に拡大解釈されていき、最終的には「意のままにならない他者」そのもの、「意のままにならない身体」そのものに由来する根源的な不可能性や根源的な不平等に行きついてしまうことである。ここで改めて注目すべきは、「ポストヒューマン時代」の技術の潜在力とは、まさしく「意のままにならない他者」から、そして「意のままにならない身体」からわれわれを解放するという点にあったことである。つまり「ポストヒューマンな存在」になることは、「自己決定する主体」のビジョンと完全な整合性を持っている。ならばその人間的理想を実現するためにこそ、われわれは「ポストヒューマンな存在」になるべきではないだろうか――。こうしたわけで、われわれは前稿で導かれた主張にまたもや直面することになるのである。

しかし以上の分析を経てきたわれわれには、前稿では踏み込めなかった新たな逆接の存在に光をあてることができるだろう。それは、いまや技術を通じて出現しつつある何ものかが、あらゆる存在から浮遊し、純化された精神体のごときものに収斂していくということ、その意味において、それはある種の普遍的な人間に向かっていくという逆説である。このことは何を物語っているのだろうか。本論では、その意味について明らかにしていくことにしよう。

2.「自律した主体」と「ヒューマニズム」

それでは以上の議論を詳しく見ていこう。最初の焦点となるのは、「自己決定」の最初の形態ともいえる「自律した主体」をめぐる問題である。

（1）「自律した主体」の成立

前述したように、「自律した主体」とは、人々が無知や迷信、権威や権力といった外力から解放されること、それによって自ら思考し、自ら判断していく存在になるということを意味していた。この概念は近代的な自由の概念と結びついており、その起原はJ・ロック（J. Locke）やJ・J・ルソー（J. J. Rousseau）を含む、17–18世紀の政治哲学にまで遡ることができる(3)。ただし、この理想の形成に最も影響を与えたのは、「啓蒙とは、人間が自分の未成年状態から抜けでることである」と述べたI・カント（I. Kant）だろう(4)。なぜならカントこそ、他者や外力に依拠することのない意志、あらゆる普遍性に開かれ、独立した意志であるところの「意志の自律性」（Autonomie des Willens）を何より重視した人物だったからである(5)。

19世紀になると、「意志の自律性」はG・W・F・ヘーゲル（G. W. F. Hegel）によって、自由を実現していく人類の歴史と結びつけられ、さらにK・マルクス（K. Marx）によって、そうした人類史を前進させていく変革思想と結びつけられた(6)。こうして「自律した主体」は、人間存在が理性に照らして自身の置かれた時代局面を認識すること、そして人類史の担い手として、「あるべき人間（社会）」に向けて現実を突き動かしてく使命を帯びたものとなったのである。

また「自律的な主体」は、しばしば〈自立した個人〉とも呼ばれてきた。というのも人々が自ら考え自ら判断できる存在になるためには、人々が一定の経済的独立性を備えていること、そして国家権力や共同体、世間といった同調圧力に屈服することのない強固な精神性を身につけている必要があると考えられたからである。この呼称が、とりわけ戦後日本の人文科学において好まれたのは偶然ではない。この国の知的風土においては、日本文化の特徴を〝個の埋没〟と規定し、それに伴う前近代性、無責任性こそが先の戦争を引き起こしたとする、丸山眞男以来の伝統があったらからである(7)。

そしてこうした人間的理想は、「ヒューマニズム」(humanism)とも呼ばれてきた。もちろん「ヒューマニズム」自体は、ルネッサンス期の人文主義にまで遡ることができる。ここではそれ以来の人間存在への希望の伝統が、一連の進歩史観や変革思想と重ねて理解されてきたからである。「実存主義はヒューマニズムである」と述べたのはJ＝P・サルトル(J.P. Sartre)であったが、サルトルは、人間が状況に投げ込まれた存在でありながら、自らを世界に投げ返すことによって、自身が何ものであるのかを構想できる唯一の存在であるとした(8)。J・グレイ(J. Gray)は、「ヒューマニズム」に体現された概念体系が、イエス＝キリストによる救済の理念に由来しており、それを人類の解放という祈願に置き換えたものこそ「ヒューマニズム」であったと指摘している(9)。人間は、自らを取り巻く世界を作り替えることで幸福になる。とりわけ理性を行使した知の蓄積を原動力として、動物的な限界を超え、世俗的にも精神的にも自分自身を解放する。いずれにしても、そうしたことへの確信こそが「ヒューマニズム」なのであって、この時代の「自己決定」の概念は、こうした長大な物語のなかに埋め込まれていたのである。

(2)「自律した主体」をめぐる挫折と葛藤

ところがこうした人間的理想は、早くも20世紀初頭の段階からさまざまな矛盾に直面するようになっていた。

例えば最も「啓蒙」が進んだはずのヨーロッパにおいて、なぜ二度の大戦が勃発し、ホロコーストという恐るべき「野蛮」が試みられたのか。あるいは人間を解放するはずの理性が、なぜ人類そのものを破滅させる兵器を生みだしてしまったのか。こうした経験は、確かにその人間的理想を揺さぶるものであった。

しかし一連の理想は、こうした困難をその都度克服してきた。例えば破壊的な兵器は、あくまで理性の行使が未熟であるために用いられたのであって、「全体主義」は――E・フロム（E. Fromm）が鮮やかに描いたように――自由がもたらす不安や怖れのために、人々が自ら自由な個性を放棄してしまった結果であるといったようにである(10)。つまり一連の出来事は、進歩を続ける人類史の一時的な〝逸脱〟であって、処方箋となるのは、挫折を乗り越え、よりいっそう「自律した主体」＝〈自立した個人〉になるべく努力すること、そのための社会的条件を整えていくことであると理解されてきたのである。

矛盾は他にも存在した。例えば前述したように、人々が「自律した主体」となるためには、その前提として一定の経済的独立性と、国家権力などからの解放が必要であると考えられてきた。ところがどれほどそうした基盤が整えられても、人々は身勝手な「私人」になるばかりで、一向に想定されたような理性的で、公共的な道徳を備えた存在になっているようには見えなかったこともそうである。しかしここでも、一連の理想は踏みとどまってきた。例えば人々が「自律した主体」として現前しないのは、解放のためのシナリオが誤っていたからではなく、資本がもたらす格差や貧困、あるいは国家権力を含んだあらゆる抑圧が人々を分断し、それによって主体の成熟が妨げられているからであると考えるのである。つまりここでも処方箋は、よりいっそう「自律した主体」＝〈自立した個人〉になるべく努力すること、そのための社会的条件を整えていくことであると理解されてきたのである。

3.「自己決定する主体」と「反ヒューマニズム」

（1）「大きな物語」の終焉と、「人間」の終焉

しかしこうした理想の枠組みは、次第にその体裁を保つことが難しくなっていった。とりわけ70年代以降になると、社会運動の敗北、環境問題の出現、東側世界の没落、資本のもたらす過剰、消費社会の出現といった経験のなかで、「ヒューマニズム」の本格的な解体が始まるからである。

まず、そうした時代の空気を「ポストモダン」(postmoderne)と表現したのはJ＝F・リオタール(J.-F. Lyotard)であった。リオタールによれば、われわれが生きているのは、これまであらゆる知をその背後で正当化してきたもの、例えば理性と啓蒙、歴史と解放、進歩と豊かさをめぐって語られてきた「大きな物語」(grands récits)が不審の目にさらされる時代である[11]。それらはこれまでいずれも普遍的な真理だと見なされてきたものであったが、いまやその信頼は失われ、数あるひとつの物語に過ぎなくなったというわけである。

ただしここで、最も大きな影響力を発揮したのはM・フーコー(M. Foucault)だろう。フーコーによれば、あらゆる知はそれぞれの時代固有の知の体系(épistémé)に根ざしており、このことは「ヒューマニズム」であっても例外ではない[12]。そこで想定された「人間」や「主体」に普遍的な実体などなく、事実それらは精神分析、言語学、文化人類学などを通じていままさに突き崩されようとしているのであった。またフーコーは、新たな権力論を構想することによって、「自律した主体」の物語を根底から解体していった[13]。一般的に権力とは、国家権力に代表され、逸脱者を罰し、権威を盾に人々に何かを強いる抑圧的なものとして理解されてきた。しかし現代において注視すべき権力とは、われわれを取り巻く無数の関係性のなかに点在し、われわれに何が正常であり、何が正常でないのかを悟らせるような何ものか、あたかも自身が望んでいるかのように欲望を喚起させ、人々に自ら進んで自己点検するように仕向けるような何ものか――殺生与奪を管理するのではなく、生かすことによって管理するという意味において「生権力」

(bio-pouvoir)とも呼ばれる——として潜在しているものなのである。

ここから見えてくるのは、われわれが学校、病院、家庭をはじめとして、生のあらゆる局面において、知らず知らずのうちに特定の〝あるべき人間〟となるべく、不可視化された権力によって訓練されているかもしれないということ、われわれが解放や進歩を掲げて礼賛してきた「自律した主体」こそが、実はそうした権力装置そのものだったのかもしれないということなのである。

(2)「反ヒューマニズム」がもたらした「理念の間隙」

こうしたフーコーの試みは、「反ヒューマニズム」(anti-humanism)とも呼べる地平を切り拓くものであった[14]。注目すべきはこの時代、こうした流れに呼応する形で「ヒューマニズム」を批判するさまざまな試みが展開されていたことである。例えばフェミニズムが強調したのは、セクシャリティの虚構性、とりわけ「人間」=〝男性〟の概念が、劣位のものとして価値づけられた女性という他者性を踏み台にして形作られているということであった[15]。またポスト植民地主義が批判したのは、「人間」=〝ヨーロッパ人〟のアイデンティティが、やはり非西洋世界という他者性のうえに築かれていること、それにもかかわらずヨーロッパ世界は普遍性を盾に自文化の強要を図ってきたことであった[16]。こうした動向に共通していたのは、「ヒューマニズム」において「人間」とされてきたものが、実際のところ五体満足で健康なヨーロッパの白人男性でしかなかったこと、踏み込んで言うなら、そもそも普遍的な「人間」などというものを想定すること自体が間違いであったという認識である。

ところが「反ヒューマニズム」のアプローチには、ひとつの重大な問題が含まれていた。それはこのアプローチと密接に関わる社会構築主義、そしてそのアプローチに起因する相対主義をめぐる問題である。例えばフーコーの継承者たちは、彼の「系譜学」（généalogie）を応用して、特定の知につきまとう〝あるべき何ものか〟をめぐる言説が、いかにして社会的に構築され、またわれわれ自身を拘束するのかを徹底して暴露しようと努めてきた(17)。しかしどれほど暴露を試みようと、「それが唯一可能なあり方ではない」と示唆することはできても、それ以上のことは何も語れないというジレンマに直面するのである。社会構築主義においては、われわれを取り巻くあらゆる知見が、社会的な相互作用を通じて構想されたものだと理解される(18)。それによってわれわれは、排除や抑圧をもたらす特定の規範や基準や境界線に対して、「それは恣意的なものに過ぎない」と批判することが可能となる。ところがまったく同じ理由から、何かを新たに提言するが否や、「それも結局恣意的な基準や境界線に過ぎない」との指摘を避けられなくなるのである(19)。要するにここでは、多文化主義があらゆる価値や文化の相対化に陥るのと似て、多くの人々に共有可能なビジョンや指針が見いだせなくなるのである。

こうした問題から、「系譜学」的な方法論ではなく、むしろ従来のアプローチに回帰していく動向も見られるようになった。例えば、われわれが「ミクロな権力」を通じて訓練されている様子は、ある種の全体主義や管理社会を彷彿とさせることはないだろうか。つまりわれわれが自らの意思や欲望だと信じていることは、実は国家にとって都合の良い論理の内面化に過ぎないかもしれない。あるいはそれは、グローバル企業や財界が望んでいること、より根源的には資本の自己増殖そのものからくる圧力かもしれないといったようにである。

だが、こうした解釈は別の問題を生じさせる。というのもこれらは、いずれも「モダン」＝「ヒューマニズム」の全盛期においてなされてきた議論の焼き直しでしかなかったからである。例えば前者は、本質的にはナチス・ドイツやG・オーウェル的な「ビッグ・ブラザー」を想起させる、伝統的な全体主義批判と変わらない。そのためそこから導かれる結論は、結局のところ外力に惑わされない「自律した主体」になるということにしかならないだろう。後者もまた、本質的には、資本と結びついたイデオロギーが人々の社会諸関係を固定化させるという伝統的なマルクス主義と大差はない。そのためそこから導かれる結論は、資本に抗い社会変革を断行するための、やはり「自律した主体」になるということでしかなくなるのである。

こうしたわけで、相対主義の袋小路に陥った「反ヒューマニズム」は、再び「モダン」と「ヒューマニズム」によって突き上げられることになる。しかしそれらは、すでに終焉したはずの「大きな物語」だったのではなかったか。こうしてここに、「理念の間隙」とも呼べるような空白地帯が生まれることになるのである。

（3）「反ヒューマニズム」の出口戦略としての「自己決定する主体」

ただし「反ヒューマニズム」の提起を放棄することなく、また「モダン」や「ヒューマニズム」に先祖帰りすることもない形で、新たな地平に目を向ける方法論がひとつだけ存在していた。

確かにわれわれは、いまなお多くの「ミクロな権力」に取り囲まれ、何ものかを普遍的なものであると主張できない現状がある。例えばわれわれが、しばしばあえて「私は、そのように思います」、「個人的には、そのように考えます」と口にするのは、自身がそこで普遍性を持ちだし、何かを強制しているわけではないことを暗に弁明しているからである[20]。しかしこのことは、われわれが不可視化された権力を注視することによって、そうした強制力を意識的に縮減させることが可能であるということをも示唆している。つまり〝その人が何ものであるのか〟という存在論的な次元に着目するとき、そこで何かを強いる抑圧を最小化させること、逆い言えば〝私が何ものであるのか〟という問題に対して、個人が自ら選択できる余地を最大化させること、これらの点に限って言えば、多くの人々は賛同するはずである。要するに「ポストモダン」や「反ヒューマニズム」は確かに「理念の間隙」をもたらしたものの、われわれが「存在論的抑圧」を最小化させ「存在論的自由」を最大化させるという原則に立つことができれば、それは万人に共有可能な指針となりうるのである[21]。

こうして今日的な意味での「自己決定」の概念が導出された。そしてその指針は、新たな「主体」概念、「自己決定する主体」と呼ぶべきものさえ創出したと言えるだろう。かつての「主体」は、社会全体を変革し、人類史を前進させる旗振り役として期待された。これに対して新たな「主体」は、あらゆる価値に中立的な立場を取り、徹底して個人を基準とする。諸個人が自らの運命の主人公となり、自己を決定し、自己を実現していくという意味において「主体」となるのである。またそれは、〈自立した個人〉の新しい形態でもあった。かつての「主体」は、経済的な独立性と、国家という「マクロな権力」からの独立性を必要とした。これに対して新たな「主体」は、「自己決定」のために、「存在論的抑圧」の原因となる「ミクロな権力」からの独立性を必要とするからである。

こうして「自己決定する主体」＝「反ヒューマニズム」＝〈自立した個人〉からなる、新たな三位一体の人間的理想が誕生した。ただし、これですべてが解決したわけではなかったのである。

（4）根源的不平等と「存在論的自由」の不可能性

われわれはここで、いったん「自己決定」とは何かについて考えてみよう。よく知られているのは、医療や研究の現場で語られるインフォームド・コンセントだろう[22]。そこでの「自己決定」とは、状況や選択肢に関わるあらゆる情報が提供されたうえで、最終的な判断を当事者に委ねることを意味している。しかし現代的な意味での「自己決定」には、それ以上の含意があるのである。例えばわれわれが〝多様性(diversity)の尊重〟を主張するとき、そこに価値観の多様性が含まれていることは示唆的だろう(23)。そこで尊重されるべきものとは、単に人種差別といった属性に関わるものだけを意味しない。例えば装いや髪型などの外観にはじまり、その人が何を好み、何を大切にしたいと願うのか、そして特定の問題についていかなる正しさ、いかなる思考を持つのかといったことなどが含まれるようになっている。それは突き詰めれば、〝この私〟とはいかなる存在なのかという問題そのものだろう。ここで問われているのは、〝意志のあり方〟以上に〝存在のあり方〟であって、前者を「消極的自己決定」と呼ぶとするなら、「積極的自己決定」とでも呼べるものだと言える。端的に述べれば、自身が何ものであるのかを自ら定義し、その自己表現によって不利益を被ることなく、その過程で不本意に介入されることもない、これこそが今日的な「自己決定」概念の中心にあるものなのである。

ところが「自己決定する主体」は、こうした理想の形を掲げるがゆえに、かえって新たな矛盾に直面してしまう。例えばわれわれは、保守的な制度を改革し、差別や偏見を意識することによって、確かに「存在論的抑圧」を縮減させることができるだろう。あるいは住むべき場所、携わるべき仕事、外観や振る舞いに至るまで、確かにわれわれは過去に比べてより多くの「存在論的自由」を獲得してきたと言える。しかし社会的現実においては、絶えず集団や属性を説明するための言説が生みだされ、物事の〝標準〟となるものが形作られてしまう。われわれは「意のままにならない他者」と関わるなかで、結局は「ミクロな権力」がもたらす抑圧に耐えることが求められるのである。また、どれほど「存在論的自由」の条件が整えられても、われわれには結局選択できないことがある。例えばいかなる容姿、性別、才能を持って生まれてくるのか、あるいはどのような親族を身内として与えられるのか、これらはわれわれが「意のままにならない身体」を持って生まれてくることに由来する〝根源的な不平等〟と呼ぶべきものだからである。

　このことは、われわれがどれほど「自己決定」の理想に尽力しようと――そこには当然、経済的な格差の縮小なども含まれる――われわれが「意のままにならない他者」と関わり、「意のままにならない身体」を持つ存在である限り、そこには根源的な不可能性があるということを示唆している。ところが「自己決定」の理想は、一度それが「あるべき人間」として内面化されるが否や、ますます拡大解釈されていくことになる。「自己決定」できることこそが「正常」であるという感覚を制御できなくなる。そうしてわれわれは、かえって目の前にある〝自己決定できない〟現実に不条理を覚え、その現実に苦しめられるようになるのである。

4．「ポストヒューマン時代」と「ヒューマニズム」の再来

(1)「トランスヒューマニズム」と「ポストヒューマニズム」

　さて、以上の議論を通じてわれわれは、「自律する主体」＝「ヒューマニズム」＝〈自立した個人〉から、「自己決定する主体」＝「反ヒューマニズム」＝〈自立した個人〉へと至る人間的理想の変遷について見てきた。ここからは、いよいよ議論を「ポストヒューマン時代」の問題に接続させていくことにしたい。

　冒頭で触れたように、本論では、今日のわれわれがビッグデータ、ＡＩ、ロボット、生命操作などの技術的進展を経て、身体と機械、脳とＡＩ、治療と人体改造の境界が曖昧となっていく時代を生きていること、そしてそれは、これまで自明とされてきた「人間」の概念が通用しなくなるという意味において「ポ

ストヒューマン時代」と呼ぶべきものであると述べてきた。改めて注目したいのは、ここで言う自明とされてきた「人間」とはいったい何を指しているのかということである。

ひとつめの解釈は、それが〝生物存在としての人間〟を指すという考え方である。特にその際、R・カーツワイル（R. Kurzweil）のように、科学技術が身体や脳といった人間の生物学的限界を突破させ、人間性をこれまでなかった水準にまで強化（エンハンスメント）させるという点を強調するなら、われわれはそれを「トランスヒューマニズム」（transhumanism）と呼ぶのが適切だろう(24)。

ただしここにはもうひとつの解釈がある。それは、ここでの「人間」が「ヒューマニズム」を指すという考え方である。そしてその代表は、R・ブライドッティ（R. Braidotti）の提唱する「ポストヒューマニズム」（posthumanism）である。ブライドッティの想定によれば、新たな技術的状況が生みだす〝ハイブリッドな存在〟は、これまで「ヒューマニズム」によって引かれてきた境界線をよりいっそう曖昧なものにする。そしてそこから文化と自然、生命と物質、生命と機械、人間と動物、人間と地球といった二項対立が克服された新たな「主体」の概念、「ポストヒューマン的主体性」（posthuman subjectivity）を構想できるようになるというのである(25)。

以上の議論を経てきたわれわれには、ブライドッティの意図が分かるはずである。ブライドッティは、排除や抑圧の元凶となる境界線を解体していく「反ヒューマニズム」の方法論を受け継ぎ、今度はそれを人間という枠を超える形で、つまり脱人間中心主義という形で試みようとしているのである。本論にとってこの議論は、二つの意味において示唆的である。そのひとつは、ここでの試みが境界の解体という〝理念〟を先行させた結果、「ポストヒューマン的主体性」という名の、あらゆるものが包摂された正体不明の何ものかに行き着いてしまうということである(26)。そしてもうひとつは、そうした理念としての「あるべき何ものか」への到達が、まさしく科学技術を契機にして実現されると考えられているところである。

とりわけ重要なのは後者だろう。例えば「世界トランスヒューマニスト協会」（World Transhumanist Assosiation）の後継団体と思われる「ヒューマニティ＋」（humanity+）のウェブサイトには、「トランスヒューマニズム」が次のように説明されている。

「理性を応用すること、とりわけ老化を排除し、人間の知的・身体的・心理的能力を大幅に強化する技術を開発し広く利用可能にすることで、人間の条件を根本的に改善させる可能性とその望ましさを肯定する知的・文化的な運動のこと」(27)。

こうした主張を耳にするとき、しばしばわれわれは暴走した科学者や大衆の欲望を見いだすことで満足してしまっているかもしれない。しかし「老化の排除」も「能力強化」も、ここではそれほど重要ではない。むしろ注目すべきは、その試みの射程内に、教育では実現できない水準における人間性の改善という問題意識が含まれていることである(28)。つまり人々を「ポストヒューマンな存在」へと駆り立てているのは、単なる個人的な欲望であるとは限らない。重要なことは、人々が「ポストヒューマンな存在」になる目的とは「あるべき人間（社会）」の理念を現実化させるためであるとの主張が、ここから読み取れることなのである。「ポストヒューマニズム」と「トランスヒューマニズム」は、異なるもののように見えて共通点がある。それは「あるべき何ものか」という理念に対する多大な信頼であるとともに、科学技術を含んだ人間の潜在能力によって、その理念を具現化できると信じているところに他ならない。

（2）「思念体」としての「ポストヒューマン」と、「ヒューマニズム」の再来

冒頭で触れたように、本論では、「ポストヒューマン時代」の到来を「人間疎外」や「管理社会」という文脈から批判することには限界があると述べてきた。繰り返すように、われわれが掲げてきた人間的理想を実現していくためには、われわれはむしろ「ポストヒューマンな存在」になったほうが良いとの結論が導出されうるからである。

多くの議論を経てきたわれわれには、このことが意味する内容をより深く理解することができるはずである。かつて「自律した主体」という人間的理想が「反ヒューマニズム」によって批判された際、そこで「理念の間隙」を埋める突破口となったのは「自己決定する主体」の概念であった。しかしこの人間的理想は、それが高度に実現されていけばいくほどに、かえって人々を苦しめるようになっていった。というのもわれわれは、「意のままにならない他者」と関わり、「意のままにならない身体」を持つ存在である限り、それに起因する根源的な不平等、「存在論的自由」の不可能性に直面することになるからである。しかしだからこそ、「ポストヒューマン時代」の到来は、ここに新たな状況を突きつけていると言えるのであった。なぜなら「ポストヒューマン時代」の核心部分とは、まさしく人間存在が科学技術の潜在力によって、自身を「意のままにならない他者」や「意のままにならない身体」の桎梏から解放させる契機をもたらすところにあったからである。

再び想像してもらいたい。人々がAI、ロボット、サイボーグ、VR（メタバース）、人体改造によって「ポストヒューマンな存在」になることは、「存在論的自由」を拡大させ、人々の「自己決定」に貢献するとは言えないだろうか。例えば難病や障碍に苦しむ多くの人々は、それによって「存在論的自由」と「自己決定」を拡大できるとは言えないか。ならば老いに苦しむ多くの高齢者やその家族、あるいは差別や偏見に苦しむ多くの人々もまた同様であるとは言えないか。また「ポストヒューマンな存在」になることは、われわれの生からあらゆる生物学的な「不条理」を取り除く。それゆえ容姿や才能を含んだ〝生まれつき〟

という名の「不条理」に苦しむ人々は、それによって「存在論的自由」と「自己決定」を拡大できるとは言えないか。ならば属性や立場に拘束され、嫌な親族、嫌な隣人と関わり続けなければならない「不条理」に苦しむ人々もまた同様であるとは言えないか。

　このようして人間存在は、「ミクロな権力」の元凶となる「意のままにならない他者」から、そして根源的な不平等の元凶となる「意のままにならない身体」から、ついに自分自身を解放させる。そしてそれは、まさしく「自己決定する主体」という人間的理想を「受肉化」させ、より完全なものへと接近させる行為であると言えるのである。

　だがここに、本稿で着目したい最大の逆接がある。前述したように、「自己決定する主体」の概念は、もともと普遍的な「人間」への批判、「ヒューマニズム」を糾弾する「反ヒューマニズム」の文脈から出てきたはずのものであった。ところがここでは、差別や偏見からの解放を求める運動が、「自己決定する主体」を介して、そのまま継ぎ目なく「意のままにならない他者」や「意のままにならない身体」からの解放へと横滑りしていくのである。それだけではない。ＡＩ、ロボット、サイボーグ、ＶＲ（メタバース）、人体改造を通じて希求されている何ものか、それは結局、ある種の普遍的な「人間」へと向かっていくようには見えないか。それは、前稿で引き合いに出した「脳人間」を想起するように、身体からも、関係性からも浮遊した「思念体」とでも言うべき存在である。「思念体」は、身体を持たない精神体であるために、生まれ持った何ものにも拘束されなければ、属性も、立場も持たない。そうした高度に抽象化された〝ニンゲン〟へと収斂していくである。

　このことは何を物語っているのだろうか。実のところわれわれは、一度として「ヒューマニズム」の外部になど出たことはなかったのである。「反ヒューマニズム」だろうと、「ポストヒューマニズム」だろうと、それは結局「ヒューマニズム」という「大きな物語」の内部で行われた、「小さな物語」をめぐる紛争に過ぎなかったのである。人間は、自らを取り巻く世界を作り替えることによってこそ幸福になれる。人類は、理性の力を通じて自分自身を解放し、それによってあるべき本来の形へと到達する。「ヒューマニズム」とは、こうした人間存在に対する〝信仰〟であって、その起原はイエス＝キリストによる救済の物語にまで遡る。それは前稿において本論が、〈無限の生〉の「世界観＝人間観」と呼んできたものそのだろう。われわれはかつても、そしていま現在もなお、その「大きな物語」を生きているのであり、普遍的な〝ニンゲン〟になることをずっと待ち望んできたのである。

(3)「ヒューマニズム」の亡霊

だが、それはやはり幻想だったのではないだろうか。「自己決定する主体」の理想は、結局ある種の〝亡霊〟に過ぎず、「ヒューマニズム」はやはりすでに「死んで」いたのではないだろうか。前稿で述べたように、一見あらゆる「存在論的抑圧」から解放されたかのように見える「脳人間」でさえ、実際には〝脳〟という物質そのものに縛られていた。そのことが象徴するように、人間存在は「意のままにならない他者」や「意のままにならない身体」が織りなす無数の「存在論的抑圧」、「ミクロな権力」からは絶対に逃れることなどできない。それにもかかわらず、「ポストヒューマン時代」の科学技術は「存在論的自由」に更なる飛躍を与え、われわれはかえってその幻想に振り回されてしまうのである。それは「自己決定する主体」という幻想であり、〈自立した個人〉という幻想であり、「あるべき人間（社会）」を絶えず求める「ヒューマニズム」という幻想である。換言しよう。それは今日広く信じられているように、われわれが本来何ものにも介入されることなく自分自身でいられるはずだという幻想であり、われわれが理念として思い描いた自分自身になることが可能で、そうした自分になることこそが生きることの目的であるという幻想なのである。

そもそも「自己決定する主体」において、何かを決定しているところの、この自己とは何ものなのだろうか。「意のままにならない他者」から、そして「意のままにならない身体」から解放されたいと願っている〝この私〟とは何かということである。「みんなちがって、みんないい」、「誰ひとり取り残さない」という言葉だけが虚空に踊るなか(29)、確かにわれわれは、すぐにおのれと他人とを比較して、なぜあの人だけが、なぜこの私だけがと簡単に病んでしまう。気に入らない人間、気に入らない言説、気に入らない身体の部位や性質を見つけだしては、それによってこの私は「自分らしく」いさせてもらえないと思ってしまう。しかしわれわれは忘れているのではないだろうか。そのように感じている〝この私〟それ自体が、そうした「意のままにならない他者」との関係性、「意のままにならない身体」との相互作用によって形作られ、そしていままさにそのような形で成立しているという事実をである(30)。

「ヒューマニズム」はわれわれに、いかなる存在にもなれると説く。だが人間存在にできること、それは望んだ自己を実現することでも、何ものかから自分自身を解放することでも、あるいは世界をあるべき形に作り替えることでもない。「意のままにならない他者」と「意のままにならない身体」とに拘束され、また時代というそれ自体意のままにならない多大な変容の渦中において、われわれにできることとは、自らに与えられた現実を少しでも「より良き生」として生きること、そのために等身大の格闘を続けていくということだけである。「ヒューマニズム」が忘却してきたもの、あるいは意図して目を伏せ続けてきたものとは、こうした〈有限の生〉を生きていくことの意味、そして「意のままにならない存在」とともに生きることの作法や知恵と呼ぶべきものだったのである。

この先われわれは、「ポストヒューマン時代」の社会的変容として、〈生の自己完結化〉と〈生の脱身体化〉が進行していく様子を目のあたりにすることになるだろう。それは市場経済、官僚機構、ネット空間からなる高度な社会システムによって作りだされる、生身の他者との接触や関係性を最小限のものとし、身体に由来する不都合な影響を最小限のものとするような〈自己完結社会〉の成立である。そしてそうした変容によって、われわれは生活上の事実として、紛れもなく「存在論的自由」を獲得し、「存在論的抑圧」から少しずつ解放されていく。しかしその度にわれわれは、「自己決定」への幻想をますます増幅させ、これまで気にもとめていなかった、この私を拘束する何ものかの存在に戦慄し、圧倒され、ますます苦しみを深めることになるのである。

われわれはそこで、「自由」、「平等」、「多様性」、「共生」がいまだかつてない形で実現した社会を築きあげるだろう。だがその「ユートピア」は、高度に自律化した社会システムと、「自己完結」した人々による互いの生への不介入——包摂や多様性を装った「不介入の倫理」——によって成立している危うい世界である。そこでは新たな形式を纏った「排除」さえ生じてくるかもしれない。それは自分以外の何ものかをこの世界から締め出す「排除」ではなく、「自己決定する主体」として、「あるべきこの私」になりきれない自分自身を「排除」したいと願うような恐るべき感情である。「ユートピア」には、「あるべきもの」以外は必要ない。いや、「あるべきもの」以外は存在してはならないからである。

5. おわりに——今後の議論に向けて

以上を通じてわれわれは、「ポストヒューマン時代」を読み解く手がかりとして、改めて「自己決定」をめぐる人間的理想に焦点をあわせ、それが「ポストモダン」や「反ヒューマニズム」といった時代状況のもと、いかなる思想的な経緯で成立してきたのかということについて見てきた。そして本論では、それが普遍的な「人間」、人類の進歩、人間性の完成を謳った「ヒューマニズム」という「大きな物語」との関連において、いかなる矛盾を抱えているのかについて見てきたのであった。仮に「ポストヒューマン時代」の趨勢にブレーキをかけることができるものがあるとするなら、それは唯一、「ヒューマニズム」を影で支えてきた「世界観＝人間観」を根源的に批判することができる思想だけだろう。

ここでは最後に、本文では十分に踏み込めなかった論点について取りあげておきたい。最初に指摘したいのは、いまなお人文科学においてオーソドックスな位置を占めている「不可視化された権力の可視化」というアプローチの限界についてである。前述したように、このアプローチはM・フーコーによる「ミクロな権力」の分析に由来し、いまなおマイノリティの権利擁護を試みる際などに大きな役割をはたしている。ところが近年、差別への糾弾は加熱しすぎる傾向があり、意図せずして新たな抑圧を作りだす矛盾に直面しているようにも見えるのである。

確かにわれわれは、古びた境界線を解体し、何ものかを定めた言説を作り替えていく必要がある。しかしその目的は、あくまで時代に合うよう境界線を引き直すことであって、境界線それ自体、あるいは「ミクロな権力」それ自体から人々を解放することではない。もしもわれわれが「ミクロな権力」それ自体からの解放を目指すとするなら、われわれは「自己決定する主体」が陥った、あの「存在論的自由」の「無間地獄」にそのまま没入してしまうだろう(31)。繰り返すように、人間社会から何かを定める規範や標準や境界線それ自体が消えることなど決してない。問われているのは、われわれがこうした事実とどのように折り合いをつけていくのかということなのである。

もうひとつの論点は、今日しばしば新自由主義批判と合わせて語られている、「自己責任論」をめぐる問題についてである。その一般的な主張によれば、今日わが国で拡大している格差や貧困は、新自由主義政策の結果によるものであるにもかかわらず、そうした事態にあえぐ人々は、それを社会的に解決すべき課題とは見なさず、ひとりひとりが引き受けるべき個人的な問題として認識する傾向がある。そしてそうした意識は、実のところ資本の増大が目論む「ミクロな権力」の働きに他ならないというものである。しかし本論の立場からすれば、この想定には問題がある。例えば確かに、新自由主義政策は国民に自助を求めるが、これは国家の役割を縮小させるという明確な目的に基づく「マクロな権力」の行使である。それよりも重要なことは、「自己責任」を規範として尊重してきたのは、何より「自律した主体」や「自己決定する主体」をめぐる人間的理想の方であったということである。「自律した主体」は、思考、判断、行動などを他人任せにすることなく、自らの責任のもとで行うことを美徳とする。また「自己決定する主体」は、「自己決定」として選択したものの結末を他人に転化することなく、自らの責任として引き受けることを美徳としてきたからである。つまりここに「ミクロな権力」が働くとするなら、その責めはむしろ、亡霊のようにわれわれにつきまとっている「ヒューマニズム」にこそ求められるべきなのである[32]。

また「自己責任論」を問題にしようとするなら、われわれはそれとはまったく別のところに視点を向けてみる必要がある。それは今日われわれに内面化されている「自己責任」が、本来ひとりの人間が背負えるはずのない次元、いわば「無限責任」ともいうべき水準にまで拡張されて理解されているという点である。このことを暗示しているのは、近年話題となった「反出生主義」(anti-natalism)——われわれは新たな生をこの世に生みだすべきではないし、人類は早々に絶滅すべきであるということを論理的に正しい命題として掲げる——が近年にわかに共感を呼んでいることである[33]。筆者の見立てによれば、その背後にある心情とは、将来不幸になるかもしれない何ものかをこの世に生みだしてしまうことへの責任など、自身は到底背負い切れるものではないという感情の裏返しである。われわれはすでに、自らが存在してしまうことに起因する、あらゆる迷惑、あらゆる影響、あらゆる帰結の責任を、換言すれば、はじめから背負えるはずのない責任を、自分一人で背負おうとしてクタクタにすり切れてしまっている。そしてこの惨事を引き起こしているものもまた、突き詰めれば、あの「ヒューマニズム」という名の亡霊のもとに行きつくのである。

注

（1）上柿（2022b）、上柿（2022c）。このとき使用したスライドは、筆者のウェブサイトからダウンロードすることができる（https://kyojinnokata.mokuren.ne.jp/site/profile.html）。

（2）本稿は、前稿と同じく上柿（2021a、2021b）において論じた議論が土台となっている。本稿で用いる〈自己完結社会〉、〈生の自己完結化〉、〈生の脱身体化〉、〈無限の生〉、〈有限の生〉、「無間地獄」、「脳人間」、「思念体」といった概念の詳しい説明については同書を参照のこと。

（3）ロック（1968）、ルソー（2005）。

（4）カント（1974:7）。

（5）カント（1976）。

（6）ヘーゲル（1994）、マルクス（1956）。

（7）丸山（1961）。

（8）サルトル（1996:78-81）。

（9）グレイ（2009）。

（10）フロム（1965）。

（11）リオタール（1986）。

（12）フーコー（2020）。

（13）フーコー（1986）。

（14）フーコーの試みはしばしば「人間の死」とも呼ばれるが（フーコー 2020）、これはF・ニーチェ（F. Nietzsche）の「神の死」に倣って用いられる表現である。なお、こうした動向を「反ヒューマニズム」として位置づける方法は、ブライドッティ（2019）から学んだ。

（15）ボーヴォワール（1997）。

（16）サイード（1993）、古谷（2001）。

（17）例えばローズ（2016）は、心理学を中心とした「心的なもの」（psy-）をめぐる科学的言説を、「系譜学」として読み解きつつ、それがいかなる形の権力装置として作用してきたのかについて論じている。

（18）社会構築主義が孕んだ方法論としての問題についてはボゴシアン（2021）が詳しいが、そこで社会構築主義が批判されるのは、それがしばしば自然科学的な言説でさえも社会的に構築されたものだと主張してきたからである。

（19）フーコー自身もおそらくこの問題を認識していただろう。フーコーの新しさは、まさしく国家や資本を超えて、関係性に一般的に内在するような「ミクロな権力」の形態を明らかにしたことにあった。ところがフーコー自身の議論においても、「ミクロな権力」として見えるものが、結局は国家や資本に還元できると読める箇所がある（フーコー 1986）。また晩年になると、フーコーはカントの啓蒙論を再評価し、「意志の自律性」を肯定的に論じるようになるなど、さらに立ち位置が揺らぐことになる（フーコー 2010）。

（20）ここでの表現は、岸のエッセイ「手のひらスイッチ」（岸 2015：111-112）からひとつの手がかりをえた。

（21）ここでの「存在論的抑圧」と「存在論的自由」をめぐる問題については、上柿崇英（2021b）の第10章を参照のこと。

（22）インフォームド・コンセントは、本論では「意志の自律性」として位置づけられるが、医療現場などでは、そうした「自律」が結局は万全のものにはなりえないことが、さまざまな形で指摘されるようになっている（島薗／竹内 2008）。

（23）例えば経済産業省（2021）。多様性の議論は、もともと持って生まれた避けがたい特徴や属性に対する差別や偏見、不平等を是正するためのものとして始まったが、今日ではそれが「自己決定」の問題とシームレスに結合する傾向が見られる。こうした傾向は、特にジャーナリズムやマネジメントの現場において見られ、例えば船越（2021）は、多様性を外見など可視的な「表層的ダイバーシティ」、学歴など不可視的な「深層的ダイバーシティ」、集団によって共有される「カルチュラル・ダイバーシティ」の三つに整理しつつ、今日求められているのは、個々人が組織への帰属感と同時に「自分らしさが発揮」でき、それが周囲に認められていると感じられるインクルージョン（inclusion）であると述べている。

（24）カーツワイル（2007）。

（25）ブライドッティ（2019）。

（26）実はブライドッティの試みには、「生気論的唯物論」（vitalist materialism）、「ゾーエー中心主義」（zoe-centered egalitarianism）といった概念を通じて、「反ヒューマニズム」の弱点となりうる社会構築主義を退けるという意図が含まれており、この点は興味深いと言える。しかしその先に提示される「ポストヒューマン的主体性」は、はたして有効なものなのだろうか。それは境界の解体という思想上／理念上の解決策としては有意味であっても、いままさにわれわれが何を目標とすべきかという問題の次元においては、「自律した主体」や「自己決定する主体」がはたしてきたほどの積極的な意味を持ち合わせていないように見えるのである。

（27）「トランスヒューマニズムとは何か?」（https://www.humanityplus.org/transhumanism 2023/03/16 閲覧）を参照。

（28）前掲のウェブサイトからは、「トランスヒューマニズム」の射程に、決して完全とは言い難い人間性（生物学的な本性を含む）を技術の力で改善するということが含まれていることを読み取ることができる。「トランスヒューマニズムの哲学」（https://www.humanityplus.org/philsophy-of-transhumanism 2023/03/16 閲覧）。

（29）「みんなちがって、みんないい」は大正時代の詩人金子みすゞの言葉、「誰ひとり取り残さない」は、持続可能な開発目標のキャッチコピー。前者は近年多様性を肯定する言葉として盛んに引用されるが、はたして金子は自身の作品がこうした形で流布されることを望んだだろうか。

（30）こうした〈自己存在〉の概念を、筆者はこれまで〈存在の連なり〉という概念を用いて説明してきた。詳しくは上柿（2021a, 2021b）を参照。

（31）われわれはその典型的な行き詰まりを、ブライドッティの「ポストヒューマン的主体性」としてすでに見てきた。また、その行きつく先こそが、本論で繰り返し言及している〈自己完結社会〉であり、「脳人間」世界なのである。

（32）実際、もしも新自由主義政策が廃止され、高度福祉課によって格差が縮小したと仮定しよう。はたしてそのとき、われわれの内面から「自己責任」の意識が消えることなどあるのだろうか。いやむしろ、事態はその逆であるようにさえ思われる。社会的サービスが充実しているのなら、なおさら人々は自らの選択の結果を自分自身で引き受けるべきだと考えるようになるのではないだろうか。

（33）ベネター（2017）。「無限責任」の概念および、本論と「反出生主義」の関係については、上柿（2023）において詳しく論じた。

参考文献

• 上柿崇英（2021a）『〈自己完結社会〉の成立――環境哲学と現代人間学のための思想的試み（上巻）』農林統計出版

・上柿崇英（2021b）『〈自己完結社会〉の成立――環境哲学と現代人間学のための思想的試み（下巻）』農林統計出版
・上柿崇英（2022a）「「ポストヒューマン時代」における人間存在の諸問題――〈自己完結社会〉と「世界観＝人間観」への問い」、『総合人間学』、総合人間学会、第16号、pp.162-190
・上柿崇英（2022b）「ポストヒューマン時代が揺がす人間らしさ――思想・哲学の視点から」総合人間学会第16回研究大会、大会シンポジウム、発表資料
・上柿崇英（2022c）「「ポストヒューマン時代」をめぐる哲学／思想的諸問題について――「無用者階級」、「脳人間」、〈自己完結社会〉、〈無限の生〉の「世界観＝人間観」などの視点を中心に」、総合人間学会第16回研究大会、ワークショップ、発表資料
・上柿崇英（2023）「反出生主義における三つの実践的不可能性と「無限責任」の問題――心情から読み解く〈信頼〉の不在とその行方」『共生社会システム研究』、共生社会システム学会、Vol.17（掲載予定）
・岸政彦（2015）『断片的なものの社会学』朝日出版社
・経済産業省（2021）「多様な個性を活かす経営へ――ダイバーシティ経営の第一歩」（https://www.meti.go.jp/policy/economy/jinzai/diversity/turutebiki.pdf 2023/03/16 閲覧）
・島薗進／竹内整一編（2008）『死生学とは何か（死生学1）』東京大学出版会
・船越多枝（2021）『インクルージョン・マネジメント――個と多様性が活きる組織』白桃書房
・古谷嘉章（2001）『異種混淆の近代と人類学』人文書院
・増田敬祐（2020）「存在の耐えきれない重さ――環境における他律の危機について」『現代人間学・人間存在論研究』大阪府立大学環境哲学・人間学研究所、第4号、pp.313-378
・丸山真男（1961）『日本の思想』岩波新書
・吉田健彦（2021）『メディオーム――ポストヒューマン時代のメディア論』共和国
・渡辺翔平（2021）「アスペルガーと二つのしるし――自閉症、博識な当事者／親族、自己改善」『福音と世界』、7月号、新教出版社、pp.18-23
・G・オーウェル（1972）『1984年』新庄哲夫訳、ハヤカワ文庫
・R・カーツワイル（2007）『ポストヒューマン誕生――コンピューターが人間の知性を超えるとき』井上健監訳、小野木明恵／野中香方子／福田実訳、NHK出版
・I・カント（1974）『啓蒙とは何か 他四篇』篠田英雄訳、岩波文庫

- I・カント（1976）『道徳形而上学原論』篠田英雄訳、岩波文庫
- J・グレイ（2009）『わらの犬――地球に君臨する人間』池央耿訳、みすず書房
- E・W・サイード（1993）『オリエンタリズム』今沢紀子訳、平凡社
- J＝P・サルトル（1996）『実存主義とは何か（増補新装版）』伊吹武彦／海老坂武／石崎晴己訳、人文書院
- M・フーコー（1986）『性の歴史1――知への意志』渡辺守章訳、新潮社（Foucault, M. 1976. *Histoire de la sexualité, Tome 1, La volonté de savoir*, Gallimard）
- M・フーコー（2010）『自己と他者の統治――コレージュ・ド・フランス講義1982-1983』阿部崇訳、筑摩書房
- M・フーコー（2020）『言葉と物――人文科学の考古学（新装版）』渡辺一民／佐々木明訳、新潮社
- R・ブライドッティ（2019）『ポストヒューマン――新しい人文学に向けて』門林岳史監訳、大貫菜穂／篠木涼／唄邦弘／福田安佐子／増田展大／松谷容作訳、フィルムアート社（Braidotti, R. 2013. *The Posthuman*, Polity）
- E・フロム（1965）『自由からの逃走（新版）』日高六郎訳、東京創元社
- G・W・F・ヘーゲル（1994）『歴史哲学講義（上・下）』長谷川宏訳、岩波文庫
- D・ベネター（2017）『生まれてこない方が良かった――存在してしまうことの害悪』小島和男／田村宜義訳、すずさわ書店
- P・ボゴシアン（2021）『知への恐れ――相対主義と構築主義に抗して』飯泉佑介／斎藤幸平／山名諒訳、堀之内出版
- S・ド・ボーヴォワール（1997）『第二の性1――事実と神話』井上たか子／木村信子訳、新潮社
- K・マルクス（1956）『経済学批判』武田隆夫／遠藤湘吉／大内力／加藤俊彦訳、岩波文庫
- J＝F・リオタール（1986）『ポスト・モダンの条件――知・社会・言語ゲーム』小林康夫訳、水声社
- J・J・ルソー（2005）「社会契約論」『人間不平等起原論／社会契約論』小林善彦／井上幸治訳、中公クラシックス
- N・ローズ（2016）『魂を統治する――私的な自己の形成』堀内進之介／神代健彦監訳、以文社
- J・ロック（1968）『市民政府論』鵜飼信成訳、岩波文庫

（うえがき　たかひで／大阪公立大学／環境哲学、現代人間学）

QVID TVM（次はなんだ？）

――「人間を超える」という人間の根源的な欲求について

久木田水生

1．はじめに

近年、「トランスヒューマン」、「ポストヒューマン」といった言葉をよく見るようになった。これらの言葉は、人間をベースに遺伝子操作やサイボーグ技術などによって生み出される、人間よりはるかに優れた能力を持つ存在を意味する。またそのような存在を生み出すことを積極的に支持する思想・運動は「トランスヒューマニズム」と言われる。

GoogleNgramViewerを見ると１９９０年代後半くらいから「transhuman」や「transhumanism」という言葉の使用頻度が急激に増加していることが分かる。

しかし「トランスヒューマニズム」という言葉自体はもっと以前からあった。１９５７年、ジュリアン・ハクスリーが著書の中で科学によって人間の可能性を十全に発展させることを提唱し、その理念にこの名前をつけている（Huxley, 1968）。ハクスリーは「人間という種は、もし望むならば、自身を超越することができる」と言う。

さらに言えば人間の現状が不完全なものであり、人間はより優れたものになることが可能であるし、そうするべきであるという考え自体は科学技術が飛躍的に発展した近代よりも以前からあった。現状とは異なる自分を想像し、そうなることを望み、そしてそれを実現することは、ホモ・サピエンスが常に従事してきたことである。

本稿では、トランスヒューマニズムの根底にある「人間を超える」という欲求が、新しいものではないということを論じ、これまでの人類の歴史を緩やかなトランスヒューマニズムの過程とみなす。そしてその視座から近年、発達が著しい、メタバースやアバターについて論じる。

2. サイボーグとルネサンス

昨年、日本科学未来館で開催されていた「きみとロボット」展を見に行った。そこでは数々のロボットの展示とともに研究者たちの言葉が張り出されてあった。その中でサイボーグ技術研究者の粕谷昌宏の次の言葉が私の興味を引いた：「人間は無形のものになる。自分の意志によってどんな姿形のものにもなれるし、どんなことでもできる」。

この言葉が私にとって興味深かったのは、その洞察が新しいからではない。それが15世紀、ルネサンスの人文主義者、ジョヴァンニ・ピコ・デッラ・ミランドラの言葉によく似ていたからである。ピコは、人間が他のいかなる動物よりも、あるいは天使よりも驚嘆するべきものと考えていた。なぜなら人間だけが「どういう制限にも束縛されて」おらず、「自身の恣意」によって「自分の本性を形作」ることが許されているからである。神は人間を「自分でどういう形態をとつても、いわば自分の理解をもつて、また自分の名誉のために」、自分自身の「創造者にして形成者になるように」した（ピコ、1950、p.7-8）。

もちろんルネサンスの時代にいわゆるサイボーグ技術があったわけではない。ピコが意図してたのは主に精神的な側面のことである。近代化以前まで西欧で信奉されていた、神を頂点とする存在者の位階の中で、人間は獣と天使の間に位置するが、しかし自らの意志によって獣のようにもなれるし、天使のようにもなれるとピコは言っているのである。

ピコ・デラ・ミランドラが生きたルネサンスの時代は西ヨーロッパで古代ギリシャや古代ローマの文化の再評価と新たな学芸の運動が起こるとともに、交易や金融、経済システムも大きく発展し、社会の構造、生活様式のみならず、人々の考え方、世界の見方も大きく変わりつつある時代だった。天文学、地理学、航海術の発展はヨーロッパ人たちに世界の広がりを認識させた。教会の権威に縛られない古典の研究とそれに影響を受けて発展した新たな思想や文学や美術は人間の自由な精神の素晴らしさを認識させた。そして人文主義者と呼ばれる人々の中で人間の本質の探究が行われ、人間の自由な発展の可能性が称揚される機運が盛り上がった。ピコの言葉はそのような時代の雰囲気を反映しているのだろう。

そしてピコが称賛した人間の「千變萬化するという本性にもとづく形態變化」（ピコ、1950、p.9）を体現した同時代人の一人にレオン・バッティスタ・アルベルティがいる。アルベルティもまたピコと同様に、人間の変化の可能性を信奉し、「人間は意志すれば、あらゆることができる」と述べた（Thompson, 1995, p. 18）。アルベルティは「QVID TVM（次は何だ?）」という言葉をモットーにしていたという。ヨーロッパ中世史研究者の池上俊一によればこれは「何も完成しない、すべては未完の状態にあり、永続的な継起・持続を繰り返し、不変不動の姿はどこにもない」ということを表現している（池上、2007）。その言葉通り、アルベルティは完成、完結ということに興味を持たず、絶えず次の新しい計画へと目を向けていた。

「QVID TVM」と絶えず自分に問い掛け、そして変化を意志することが、新しい環境への進出と文明の発展を牽引してきた人間の顕著な特性である。ただしこの特性にはマイナスの面もある。絶えず変化を求めるということは、裏を返すと常に現状に不満であるということでもある。アルベルティやピコの同時代人だったエラスムスは「人間以外の自然のすべてはその限界に満足しているのに、人間だけはその定められた分をこえようと努めている」（エラスムス、2005、p.78）と述べ、それが人間の不幸の源であると述べている。変化、進歩への意志は決して満たされない渇望とともにあったということだ。

テクノロジー評論家のケヴィン・ケリーもまた、テクノロジーの発展が人間を満足させることはなく、かえって人間の欲求をさらに駆り立てるということを指摘する。しかしケリーは「テクノロジーがもたらす終わりなき不満足を祝福する」と宣言する。なぜなら「この不満足こそ、われわれの創造性や成長のきっかけとなった」からだ（ケリー、p.19）。

3．昔ながらのサイボーグ

私たちは人類史を通じて常に変化と進歩を意志することで地球全体に拡散し、文明を発展させてきた。近年の技術的発展はより遺伝子操作やサイボーグ化といったより根底的な仕方で人間を変容させることを可能にしつつあると言える。しかしこの見方は物理的身体や遺伝子といった要素の特別視に基づいていることには注意が必要である。もし人間の構成要素のうち、物理的身体や遺伝子をそれほど特別視しないのであれば、人間は歴史の中で何度も根底的な仕方での変容を経験している。

一般的にサイボーグと言えば、身体に機械を組み込むことで能力を増強させた人間を指す。最初に「サイボーグ」という言葉（「サイバネティクス」と「オーガニズム」を合わせた造語）が世に出されたのは、マンフレッド・E・クラインズとネイザン・S・クラインによる１９６０年の論文「サイボーグと宇宙空間」においてである（Clynes and Kline, 1960）。彼らは、人間が宇宙空間で生きていけるようにする方法の一つとして人間のサイボーグ化を提案している。

当時はアメリカとソ連が宇宙開発を競い合っていた時代であり、犬やラットなどの哺乳類はすでにロケットで宇宙空間に打ち上げられていた。そこでアメリカとソ連の次なる重要なマイルストーンは（ライバルより先に）人間を宇宙に送り出すことだった。クラインズとクラインの論文はこのような時代背景の中で発表された。著者たちはそこで人間が宇宙空間に進出するためには、人間に適した環境を宇宙に構築するよりも、人間の身体を宇宙に適するように作り変える方が合理的である、と提案した。具体的に考えられていたのは、心拍や呼吸などの自動調整機能を外的な構成要素によって拡張することである。

このようなことは生理学、神経科学、計算機科学、制御工学などの発展とそれらの融合によって初めて可能になる。しかし人間が過酷な環境に適応するためにできることは、無意識の生理的機能を調整することに限らない。衣類を身に着ける、水や食料を携行する、情報を記憶したり記録したりすることでも私たちは環境のプレッシャーに対抗している。哲学者アンディ・クラークはサイボーグ技術をより一般的に、人工物によって認知や身体を拡張することと捉えているが、そうだとするとサイボーグ技術は「サイボーグ」という言葉が生まれるよりずっと以前から存在した。例えばクラークは紙と鉛筆を使って計算をすることも、人工物によって認知能力を拡張することであり、人間のサイボーグ化の一例だと考えている（クラーク、2015）。

そもそも人類が技術の力で、それまで適応してきた環境と全く異なる環境に進出するのは宇宙が初めてではない。上述したクラインズとクラインの論文では、「過去においては異なる環境に適応するための身体機能の変更は進化によってもたらされた」、「今後は、このようなことはある程度、**遺伝的性質の変更なしに**、人間の生物化学的、生理学的、電子工学的変更によって達成することが可能だ」（p.26）と書かれている。しかし実際にはホモ・サピエンスはそれほど大きな遺伝的性質の変更なしに、暑く乾燥したアフリカのサバンナから、一年中雪に閉ざされた北極圏にまで生息域を広げてきた。それを可能にしたのは主に社会に蓄積され高度化された知識と技術であり、遺伝子の変化ではない。

アンディ・クラークは、人間と他の生物の最大の違いは、人工物を取り込み自らの認知や身体を拡張することができる**可塑性**であると述べる。もちろん道具を製作し使用する動物は人間に限らない。人間の道具製作の際立った特徴は、道具によって能力を増強し、それによってさらに優れた道具を作るという再帰的なプロセスにある。これによって人類史を通じて人間は雪だるま式に能力を増強させ、より高度な道具を生み出してきた。このような能力をもった生物は人間以外に知られていない。哲学者のアンリ・ベルクソンが人間を「ホモ・ファベル」（作る人）と特徴づけたのも、人間に特有のこの能力の故にである（ベルクソン、2015）。

人間は住み慣れた環境から新しい環境に移動し、そして技術によって自らの精神と身体を拡張することで未知の環境に適応する能力を持つ珍しい生物である。それは最近のことではないどころか、近代の科学革命よりも、あるいは古代文明の始まりよりも古い。

考古学者の西秋良宏は、ホモ・サピエンスが急激に生息範囲を広げた時期はおよそ5万年ほど前であり、これは彼らの間に「現代的行動」と呼ばれる行動が見られるようになる時期と一致している、と指摘する（西秋、2012）。現代的行動とは、抽象的概念の理解、計画性、創造性、象徴能力などによって特徴づけられる行動である。これらの特徴は例えば壁画を描く、高度な道具（道具を作るための道具）を作る、装飾具を作る、埋葬などの儀式を行うといった行動において現れる。

西秋は現代的行動の基礎にある高度な思考能力が人類の拡散の鍵だと考えている。人間はこの思考能力を得たことによっていつも見ている地平線の果て、遠くに見える山々の向こうを想像することができるようになった。そしてそこに行くための計画を立て、必要な物を用意し、約束や合意によって協力できる仲間を作り、未知の領域へと足を踏み出した。

だとすると人間は5万年前にはすでにサイボーグ、トランスヒューマンへの道を歩み始めていた。そんなにも昔から人間は、現在の自分がいる世界とは異なる世界を思い描き、そこに到達することを意志し、困難な旅を経て新しい世界に到達し、その環境に適応するための知識と技術を発展させるというサイクルを繰り返していた。

4．ポストヒューマン・ネイチャー

人類は絶えず新しい環境に進出し、集団の中で蓄積・継承された知識と技術によって自らの能力を拡張してきた。おそらく生物進化と同様に、それは必ずしも一様な漸進的変化ではなく、ある程度安定した時期と大きな変化が起こった時期が交互にあっただろう。そして大きな変化は、上述したルネサンスの時期に起こった変化がそうであったように、社会の構造や人々の牛活様式だけではなく、人々の選好や価値観、世界観や人間観をも変化させる。

このような大きな変化の前の人間と後の人間は別種の生物であるかと思うほどに異なっている。というのも人間以外の種では、どのような環境に生きるか、何を食べるか、食物をどのようにして手に入れるか、配偶者・親子・兄弟などの間でどのような関係を持つか、どのぐらいの規模の集団を形成するか、どのような状況でどのぐらい他者を助けるか、などなどの点に関して一つの種の中ではそれほど大きなバリエーションを持たないからである。だとすれば人類は常に以前の技術的段階の人類に対してポストヒューマンであったと言えるかもしれない。

「ポストヒューマン」という言葉は通常サイボーグ技術や遺伝子編集などの先進的な技術によって生身の人間を遥かに超えた知能や身体能力を持つようになった人間（あるいは元人間）を意味する。この意味でのポストヒューマンはいまだSFの世界に留まっている。しかし前節で紹介したアンディー・クラークのようにサイボーグ技術を広く解釈して、技術によって人間の能力を拡張することと考えるならば、ポストヒューマンもまた新しい現象ではない。例えば馬に跨った騎馬戦士は、馬を見たことのない者にしてみれば、人間を遥かに超えた能力を持った存在に見えただろう。同じことは弓矢を持った人間、自動車に乗った人間、コンピューターを持った人間などについても言える。このような観点に立てば、ポストヒューマンとは常にある一時点の技術の水準に相対的に決まるものだということになる。

大きな技術の進歩と社会の変革が起こるとき、そこを境にヒューマンとポストヒューマンの断絶が生じる。しかし過去においてはそのような大きな変化はゆっくりと何世代もかけて起こってきた。例えば大規模な定住者の社会が形成され始めた古代のメソポタミアでは、初期の定住社会の多くが比較的短期間で崩壊し、人々は小規模の移動集団に戻って行った（スコット、2019）。歴史学者のジェームズ・C・スコットによれば、この地域で初めて植物栽培と定住が行われるようになってから堅固な都市国家が形成されるまでには少なくとも3000年ほどの時間がかかっている。

しかし科学技術の進歩と普及の速度が早まるとともに、社会構造や人々の生活様式、あるいは価値観などを大きく変えてしまうほどの革新が短期間で起こるようになった。そのせいだろうか、近代以降、「ヒューマン対ポストヒューマン」の構図を描いたフィクション作品が盛んに作られるようになる（cf. 久木田、2023）。おそらくその嚆矢はメアリー・シェリーの『フランケンシュタイン』だろう。SF小説の草分けともいわれるこの作品の中でシェリーは科学技術によって生み出された新しい人類によって、旧人類が駆逐される恐怖を描いた（シェリー、2015）。

一般的にはフランケンシュタインの怪物というと1931年の映画でボリス・カーロフが演じた役のイメージ（あるいはその影響を受けた他の二次・三次創作からのイメージ）が強く、言葉も喋らず高い知性を持たないものと捉えられている。しかし原作では怪物は人間以上の知性と感性を持つものとして描写されている。またそれは闇雲に人間を襲ったわけではない。その容姿の恐ろしさゆえに創造主であるヴィクター・フランケンシュタインに見捨てられ、行く先々で会う人会う人に拒絶された悲しみと怒りから人を殺めたのである。

ヴィクターと怪物の決裂が決定的になったのは、孤独に苦しんだ怪物がヴィクターに「自分にも伴侶を作ってほしい」と頼み、一度はそれを承知したヴィクターが土壇場になってその約束を反故にしたからである。怪物はヴィクターが伴侶を作ってくれたら二人でひっそりと暮らし、二度と人間とはかかわりを持たないと誓ったが、ヴィクターはそれを信用せず、怪物の子孫が地上に満ちることを危惧したがゆえに、作りかけた怪物の伴侶を破壊した。そしてそこからヴィクターに対する怪物の復讐が始まる。

このように『フランケンシュタイン』にはヒューマンとポスト・ヒューマンの戦いという、その後の様々な作品の中で繰り返されるテーマが打ち出されている。しかしヒューマンとポスト・ヒューマンの対立は近代以降に限った問題ではない。ただ近代になって科学技術の発達と普及のスピードが非常に早くなったために、一つの社会の中で、一人の人間が生きている期間の中にも著しい技術的段階のギャップが見えるようになったということが近代以前との大きな違いであろう。メアリー・シェリーは目まぐるしい科学技術の発達を目の当たりにして、そこからインスピレーションを受けた最も初期の作家だった。科学的知識によって人間が現状の人間以上のものに変容しつつあることの恐ろしさを感じてシェリーはヴィクター・フランケンシュタインにこう言わせたのかもしれない：「わたしという実例をみて、知識を得るのがいかに危険なことかを知っていただきたい。人間として許された以上の存在になろうという大それた野心を抱くよりも、生まれた町が全世界だと信じて暮らしている者の方が、はるかに幸せだということを理解してほしいのです」（シェリー、2015、101）。

しかし知識を得ることを欲せず、生まれた場所から出ない者ばかりであったなら人類はとうに滅んでいたかもしれない。人類史はホモサピエンス誕生のその時から（あるいはそれ以前から）すでに緩やかな、しかし絶え間ないポストヒューマン化の過程であった。近代以降はそのスピードが増しつつあるために、それが人々の大きな不安を駆り立てているのだろう。しかしそれでも人間が持っている変化への意志、変化への順応性によって、人間は不安を乗り越えてきた。

5. メタバースへの道

１９６９年、人類の前に二つの新しいフロンティアが開けた。一つは宇宙空間、もう一つは仮想空間である。この年の７月、人類は初めて月に降り立ち（クラインズたちが想定したようなサイボーグとしてではなかったが)、そしてその3か月後にはインターネットの萌芽、ARPANETで初めての通信が行われた。

宇宙空間を隔てて地球から38万キロメートル離れた月へ人間を送り込んだアポロ11号計画は輝かしい偉業として世界中から注目を浴びた。その一方で、ARPANETの開通はそれほど華々しくない結果に終わった。600キロメートルに満たない距離にあるUCLAのコンピューターからスタンフォード研究所のコンピューターへの初めての通信では、「LO」の2文字が届いた時点でシステムがクラッシュした(Gromov, 2012; シンガー&ブルッキング、2019)。「LOGIN」という文字列を送る途中だった。「とはいえ、一つの革命が始まっていた」とUCLAの計算機科学の教授、クラインロックは述べる(Gromov, 2012)。

実際、インターネットのその後の発展は目覚ましかった。70年代、ARPANETは着々とノードを拡大して行った。ARPANETに接続できるのはARPAの援助を受けた研究機関のコンピューターに限られていたが、通信プロトコルなどの技術の詳細は公開されていたので、ARPANETを利用できない研究者やコンピューター愛好家が草の根的に、あるいは企業が営利目的でネットワークを形成していた。80年代にはそれらのネットワークが統合され、商業利用にも開放されて現在のインターネットへと成長する。

90年代にはWorld Wide Webが普及し、コンピューターに詳しくない一般の人々でもインターネットを簡単に利用できるようになった。またこの時期、他のユーザーと会話をしたりしながら遊べる自由度の高いオンラインゲームや、コンピューターを使って没入的な体験ができるヴァーチャル・リアリティ(VR)の技術が発展していった。

2000年代には、3DCGの世界でアバターを使って様々な活動ができるセカンド・ライフというプラットフォームが誕生した。2010年代に入るとOculusRiftやHTCVive、PlayStationVRなど、一般消費者向けの手軽なＶＲ機器が販売された。要素技術の性能向上によってより精密なトラッキング（ユーザーの動きを探知すること）と、解像度が高くスムーズな３Ｄ世界のリアルタイムの表現が実現された。VRChat のようにユーザーが自由に自分の世界を構築することができるソーシャルＶＲのプラットフォームも普及した。

こういった要素があいまって、人類にとってまったく新しい現実、「メタバース」への道が拓かれた。

6. メタバースとは何か

インターネットや World Wide Web と違って、メタバースは具体的なシステムやサービス、ソフトウェア、仕様などの名称ではなく、コンピューターネットワーク上のプラットフォームの形態を表すやや漠然とした概念である。それについて厳密な定義はなく、その言葉を使う人たちの間での一致した合意もない。

「メタバース（metaverse）」という語は、「超越した」という意味を持つ接頭辞「meta」と、「宇宙」あるいは「世界」を表す「universe」という語を合成した造語である。コンピューター上の仮想世界を意味するものとしてこの語を初めて使ったのは、ＳＦ作家のニール・スティーヴンスンで、１９９２年の小説『スノウ・クラッシュ』（スティーヴンスン、2022）においてであった。この小説の中では、人々はコンピューター上に構築されたメタバースに、アバターを通じて「実体化」することができる。ユーザーはゴーグルとイヤフォンを通じてメタバースで起こることを体験する。彼らはそれぞれの好きな姿のアバターで、メタバースに家を持ったり、建物や街を作ったり、会話をしたり、バーで「架空の飲み物」を提供されたりする。

前節で述べたような様々な技術的発展によってこの小説で描かれたメタバースと同様のオンラインプラットフォームが実現してきた。２０２１年にはフェイスブックが社名をメタ・プラットフォームズに変え、メタバースを事業の核にすることを発表した。そこからメタバースが急に注目を集めるようになった。

近年、メタバースについて多くの本が書かれているが、筆者によってメタバースの定義は様々である。とはいえ多くの著者は、不特定多数のユーザーがアバターを介してそこに存在することできること、ユーザー同士がコミュニケーションを取ることができることを必要な条件と考えている。これに加えて世界が3次元的に作られていること、没入感があること、経済活動ができること、様々なデバイスからアクセスができること、ユーザーが自前のコンテンツを持ち込んだりその世界の中で自作したりできる自由が与えられていること、世界やそこに存在する人や物のデータが連続性を持つこと、世界が自己組織化しつつ発展することなどを要件として挙げる論者もいる（cf. ねむ、2022；ボール、2022；加藤、2022）。

メタバースの実現で私たちが享受できるメリットには様々なものがある。エンターテイメントはもちろん、教育やトレーニング、医療などでの活用も期待されるし、コミュニケーション・ツールとしてのメリットは明らかである（cf. ベイレンソン、2018）。

しかし最も深甚なインパクトの一つは、メタバースによって私たちはもはや一つの場所に縛られず、そして一つの人格に縛られないということなのかもしれない。

7. メタバースは自己超越欲求の解となるか？

2節から4節で見たように、現状に満足せず自らの意志によって自らを変容させること、住み慣れた場所を離れてまだ見ぬ場所へと到達することは人間にとって根源的とも言える欲求である。そしてまた私たちの社会は少なからずこの超越欲求を肯定的に評価する文化を持っている。もちろんすべての人間がこの欲求を持っているわけではない。ひょっとしたら現状に満足し、現状を維持することを良しとする人間の方が多いのかもしれない。また私たちの文化には現状に満足してそれ以上を望まない姿勢を肯定的に評価する一面もある。しかし新しい場所を求め、新しい知識を得ることや新しい技術を編み出すことで自らを超えることを希求する人々が常に存在していたことは間違いない。そうでなければ文明の発展も人類の拡散もありえなかったからだ。

しかし超越を願う人間のすべてがその願いを適えられるわけではない。その願いを適えることができるのは能力と機会に恵まれた一部の人間だけである。多くの人間はたとえどこか他の所に行きたい、今の自分とは異なる人間になりたいと思っても、その欲求と現実との折り合いをつけて生きている。然るにメタバースは私たちの超越に対する欲求に解を与えてくれるかもしれない。何しろメタバースではいつでも簡単に新しい場所に行くことができて、新しい自分になることができるのだから。自らを「メタバース原住民」、「メタバース文化エバンジェリスト」と呼ぶVTuberのバーチャル美少女ねむは、著書『メタバース進化論』の中で繰り返し「なりたい自分」というフレーズを用いている（電子版で検索して数えたところ、59箇所あった）（ねむ、2022）。

メタバースが本当に超越欲求に解を与えてくれるのか疑問に思う人もいるだろう。現時点のメタバースでの体験は物理的世界の体験に及ばない点が多々ある。また現時点では費用と手間もそれなりに必要で、メタバースでの経験にそれに見合う価値はないと感じる人もいるだろう。しかしすでにメタバースに傾倒している人々も大勢おり、中にはメタバースを物理的世界と同じ様にリアルな世界だと感じている人々もいる。アバターを長期間使っていると、メタバースでアバターに起こったこと（他人のアバターによって触れられる、風を受ける、落下するなど）によって、あたかもそれが物理的身体に起こったかのような感覚が生じることさえあるという。バーチャル美少女ねむはこれを「ファントム・センス」と呼んでいる（ねむ、2022）。

メタバースでの体験と物理的世界での体験のどちらが優れているを比較することはそれほど意味があるとは思えない。物理的世界でしか得られない体験があることは確かであるが、しかし逆にメタバースでしか得られないような体験も多々ある。しかしメタバースに対してはもう一つ予想される批判がある。ソーシャル・メディアやソーシャル・ロボットが「真正」なものではなく、本物のコミュニケーションや社会的関係に似せたまがい物にすぎないと批判されたように（cf. タークル、2018；Elder, 2018）、メタバースやアバターに関してもまた、それは「真正」な世界、「真正」な自己ではないという批判がなされるかもしれない。

スティーヴン・スピルバーグ監督の２０１８年の映画『レディ・プレイヤー1』にはそのような考えが色濃く表現されている。この映画は、経済が悪化した見すぼらしい物理世界と、華々しい仮想現実「オアシス」の対比から始まる。劇中、多くの人々は物理的現実での問題解決を諦め、自分好みのアバターでオアシスに没入し、そこで提供される娯楽に耽溺している。主人公のウェイドもそんな人々の一人である。しかしウェイドはオアシスで出会い恋に落ちた相手に「あんたは現実を生きていない」、「あんたはこの幻想の中に生きている」と詰られる。映画の終盤、オアシスのすべての権利を継承したウェイドは「人々はもっと多くの時間を現実世界で過ごさなければいけない」と考えて、週に2回オアシスを閉鎖することを決定する。映画は「リアリティだけが唯一リアルなものだ」というウェイドのモノローグで終わる。この言葉は、現在の主流の価値観を反映しているように思われる。

「物理現実だけが唯一の現実」という考えに従えば、メタバースもアバターも所詮は偽物、「幻想」であり、本当の価値のあるものではということになる。しかし私はこの批判には十分な説得力がないと感じる。上で論じてきたように人間はこれまでも常に人工物によって身体や認知を拡張し、環境を変化させてきた。現在の人間は誰もが人工物を身にまとい、人工の環境の中に暮らしている。現代の都市生活も、人間にとって自然な生き方ではないと批判されることがしばしばある。しかしそれをいうならば定住して農耕をする生活も、それ以前の狩猟採集生活に比べれば恐ろしく不自然に思えたに違いない。メタバースが普及した未来社会の住人が振り返れば、物理的世界だけに生きる私たちの生活はひどく原始的に見えるだろう。どこからが本物／自然で、どこからがまがい物／不自然だというような線引きは恣意的である。

メタバースが「幻想」だというのは、古い価値観に縛られた偏見に過ぎない。現状に不満を覚える人、しかし物理的世界において現状を超えることが困難な人はメタバースを試して見れば良い。それが自分に合わなければまた古い世界に戻ってくれば良い。

8. 終わりに

メタバースがこのさきどれほど一般に普及するかは予測が難しい。インターネットやスマートフォンのように、誰もが利用していて当然のようになるかもしれないし、あるいはビデオゲームのように趣味的なものに留まるかもしれない。技術が進歩すれば、メタバースに行くための費用や手間は低減されていく一方、メタバースで出来ることは増え、そこでの体験の質もますます向上していくだろう。そうすれば日常的にメタバースを利用する人の数は着実に増えるだろう。何より人間の認知や身体の可塑性、変化への意志と柔軟性、ポストヒューマン・ネイチャーを考えると、少なくとも一部の人間はメタバースを新しい生息域の一つとして順応していくと思われる。
一方でメタバースに関しては様々な懸念もある。すでにオンラインゲームやソーシャルメディア、ビッグデータや人工知能などに関して懸念されていることの多くはメタバースにも当てはまる。そして一部の問題はメタバースでより深刻化するだろう。例えばオンラインのハラスメント、対面コミュニケーションの機会の減少、行動嗜癖（依存）、差別や偏見の助長、フィルターバブルや分極化、個人データの濫用、監視とプライバシーの侵害、デジタル影響工作、行動や情動や思考のサブリミナルな仕方での操作、なりすましやアカウントの乗っ取り、プラットフォームによるユーザーの囲い込みや恣意的なアカウントの停止、などなど（cf. ベイレンソン、2018；久木田、2021）。これらについては既存のテクノロジーに関してもその影響、深刻さについて確実には分かっていないこともある。特に子供や青年に対する影響については慎重になってなりすぎることはない。既存のテクノロジーについて以上に、メタバースに関連してこれらの問題が注意深く研究され、必要な場合は対処されるべきである。

謝辞
本論文は、JSPS 科研費 JP 19 H 00518（インターネットの歴史、VRの課題について）、科研費 JP 20 H 01175（人間が何を生の目標にするかについて）、JST ムーンショット型研究開発事業 JPMJMS 2011（アバターの活用について）、JSTCRESTJPMJCR 20 D 2（コミュニケーションの人間社会科学的側面について）の支援を受けた研究の成果の一部である。

参考文献

- 池上俊一、『イタリア・ルネサンス再考――花の都とアルベルティ』、講談社学術文庫、講談社、２００７年。
- エラスムス、『痴愚礼賛附マルティヌス・ドルピウス宛書簡』、大出晁訳、慶應義塾大学出版会、２００４年。
- 加藤直人、『メタバース――さよならアトムの時代』、集英社、２０２２年。
- 久木田水生、「アバターとコミュニケーションの未来」、『人工知能』、36巻5号、pp.585-592、２０２１年9月。doi: 10.11517/jjsai.36.5_585
- 久木田水生「フランケンシュタイン・コンプレックス再考」、『日本ロボット学会誌』、掲載予定（受理済み）、２０２３年（予定）。
- アンディ・クラーク、『生まれながらのサイボーグ――心・テクノロジー・知能の未来』、呉羽真・久木田水生・西尾香苗訳、春秋社、２０１５年。
- メアリ・シェリー、『フランケンシュタイン』、芹澤恵訳、新潮社、２０１５年。
- Ｐ・Ｗ・シンガー、エマーソン・Ｔ・ブルッキング、『「いいね！」戦争――兵器化するソーシャルメディア』、小林由香利訳、ＮＨＫ出版、２０１９年。
- ジェームズ・Ｃ・スコット、『反穀物の人類史――国家誕生のディープヒストリー』、立木勝訳、みすず書房、２０１９年。
- ニール・スティーヴンスン、『スノウ・クラッシュ〔新版〕〔上〕』、電子書籍版、日暮雅通訳、早川書房、２０２２年。
- シェリー・タークル、『つながっているのに孤独――人生を豊かにするはずのインターネットの正体』、渡会圭子訳、ダイヤモンド社、２０１８年。
- 西秋良宏、「新人に見る移動と現代的行動」、印東道子編著、『人類大移動――アフリカからイースター島へ』、朝日選書、８８６巻、朝日新聞出版、161-178、２０１２年。
- バーチャル美少女ねむ、『メタバース進化論――仮想現実の荒野に芽吹く「解放」と「創造」の新世界』、技術評論社、２０２２年。
- ジョヴァンニ・ピコ・デラ・ミランドラ、『人間の尊厳について』、植田敏夫訳、創元社、１９５０年。
- ジェレミー・ベイレンソン、『ＶＲは脳をどう変えるか――仮想現実の心理学』、倉田幸信訳、文藝春秋、２０１８年。
- アンリ・ベルクソン、『創造的進化』、合田正人・松井久訳、筑摩書房、電子版、２０１５年。
- マシュー・ボール、『ザ・メタバース――世界を作り変えしもの』、井口耕次訳、飛鳥新社、電子版、２０２２年。
- M. E. Clynes and N. S. Kline, "Cyborgs and Space", *Astronautics*, September 1960, pp. 26-27 and 74-76.
- Alexis M. Elder, *Friendship, Robots, and Social Media False Friendsand Second Selves*, Routledge, 2018.

- Gregory Gromov, "Roadsand Crossroads of Internet History", 2012. https://history-of-internet.com/history_of_internet.pdf
- J. Huxley, "Transhumanism", *Journal of Humanistic Psychology*, 8(1), pp. 73–76, 1968. https://doi.org/10.1177/002216786800800107 OriginallypublishedinHuxley, *New Bottlesf or New Wine*, Chatto & Windus, 1957.
- B. Thompson, *Humanitists and Reformaers: A History of the Renaissance and Reformation*, Grand Rapids, William B. Eerdmans, 1995.

（くきた　みなお／名古屋大学／哲学）

生成AI（Generative AI）による画像生成は新しい美的ジャンルの創出か？

木村武史

はじめに

人工知能（Artificial Intelligence）が開発され、少しずつ人間の知的能力を模倣できるようになるにつれ、「それでも機械には人間のこれこれの能力は真似することはできない」と、新しい線引きの反応がなされるのが常であった。それは、新しい技術への恐怖と人間性を冒されることの懸念の表れであるといっても良い、様々な感情の交じり合った集団的な応答であるといえる。それは、同時に、真に人間的な事柄とは何なのか、という問いを含んでいるといえる。

人類の歴史を振り返ってみれば、道具や技術の開発は、人間の身体能力や知的な能力を模倣し、置き換える役割を果たすことを期待されているものが多い。ボートや船は人間が自ら泳ぐ替わりに、人や荷物を運搬する役割を果たしてくれるし、自転車、自動車は人間が徒歩、疾走する替わりでもある。計算機は、鉛筆と紙を使って数字を書きながら計算する代わりに、計算の得意でない人のために計算を瞬時にしてくれる。当然、技術の中には、人間のできないことをできるようにしてくれる技術も多い。その代表的なものは飛行機であろう。人間は空を飛ぶことはできないが、飛行機に乗ることによって、空を飛んで移動することができるようになった。確かにある新技術の開発によって、それまで用いられていた技術が廃れるということもあった。例えば、英文タイプライターは、パソコンの普及によって、もはや使われなくなっている。では、これらの技術の開発と社会実装によって、人間の役割と存在の意義は低下したのであろうか？

さて、人工知能の専門家が行っている技術開発とは別の次元での議論を行おうとするのが、本論の目的である。人工知能の技術開発が多様化・分化するのに伴い、専門家もかなり分化してきているが、同時に、汎用人工知能研究（ＡＧＩ）という枠の中での研究も以前よりも深さが増しているようである[1]。ムーンショット開発ともいえる人工知能の技術革新の終着点が見えない段階で、人工知能が最終的に人間にとってどういう意義を持つのかを十分に論じることはできないが、２０２３年時点で、人間の創造性とは何であるのか、ということを改めて問い直さざるを得ない技術開発が進んでいることは否定のし得ない現状であろう。

従来であれば、チューリング・テストや中国語の部屋などのテストが示すように、機械には人間の模倣しかできない、それが出来るようになれば、人間に近づいているといえるというレベルでの議論が可能であった。そして、そこには、人間には創造性という人間にしかできない知的・精神的領域が残っていると、何とか抵抗しようとしていたともいえる。だが、現在、創造性という観点からは、人間の創造性とは異質なものであるかもしれないが、機械である人工知能が何らかの創造性を発揮していると考えてもよい技術が公表されてきている。果たして、これらの人工知能は、人間性の脅威となっているのであろうか？

本論は、２０２２年6月の学会発表の原稿を基にしている。その際には、ＧＡＮ（２０１４年公開）、Ai-Da ロボット・アーティストなどを事例として取り上げた。その時以降も次々に新しい人工知能技術が公表されている。画像生成ＡＩにはいくつもの種類が競合するように公開されている。OpenAIによる画像生成ＡＩ「DALL-E」（２０２１年）、グーグルによる画像生成ＡＩ「GLIDE（Guided Language to Image Diffusion for Generation and Editing」（２０２２年）、Imagen（２０２２年5月）なども開発、公開されている。２０２２年7月には、入力したテキスト文から画像を作成するMidjourneyが公開され、その特徴的なヴィジュアル画像の精度に対して様々な反応が起きた。同様の画像生成ＡＩのStable Diffusionがオープンソースで公開され、多様な画像生成ＡＩが使えるようになってきている。

そして、更に２０２２年11月に公開されたOpenAIのChatGPTは、専門家はともかくとして、世界中で議論を喚起している。ChatGPTは無料でも使えるということで、様々な人々が試している。例えば、既にアメリカでは、ChatGPTを使って作った本がアマゾンでセルフ出版の電子書籍として販売されているという。その物語としての質がどの程度のものかはここでは取り上げないことにしても、人間が創作した物語にも千差万別の種類があるということは指摘しておこう。いずれによせ、ChatGPTに対する反響の背後には、それがMicrosoftが投資している会社OpenAIから公開された、という点が重要であろう。専門家はともかくと書いたのは、専門家にとっては、ChatGPTで用いられている技術は特に目新しくもない、という。専門家の間では、むしろ２０２３年2月に公開されたFlexGenの方が、NVIDIA Tesla T4という16ＧＢのメモリー上で、ChatGPTのような大規模言語モデルを動かせるということで話題になっている(2)。

ところで、ChatGPTが公開された後で、それに対抗するような形で次から次へと類似した大規模言語モデルの人工知能が公開され、どこがChatGPTより優れているのかということが詳細に議論されている。GoogleがBardを対抗して公開している。更に対抗するかのように、２０２３年2月には、FlexGenが公開され、ChatGPTよりも更に性能の高さが宣伝されている。そして、同月には、MetaがLLaMAを公開するなど、競い合っているのが良く分かる。この分野の技術革新は急速であり、ほんの1、2年前には最新の技術であったものが、既に旧式のものとされてしまうような速度であり、人文系の研究者が3、4年前の技術を念頭に考察をすると、もはや廃れた技術を使って何を論じているのであろうかと思われてしまうような速度である。また、このテーマは既に国内でもかなり論じられており(3)、後追いのような内容に終始してしまう懸念もある。では、非専門家である人文系の研究者はどのようなスピードで対応して考察をすべきなのであろうか。

このように人文系の研究者がAI技術について考察を加える際の問題点があることを十分承知した上で、本論では、生成AI（Generative AI）と称される分野での技術革新が持つと思われる意義について、創造性という観点から考察を行いたいと思う。特に絵画、ヴィジュアル表象を創作する生成AIを参照しながら、考察を行ってみたい。ところで、ChatGPTを開発したOpenAIは、画像生成AIプログラム DALL-E1を2021年1月に公開した後、2022年1月には、更にバージョンアップしたDALL-E2を公開している。つまり、同じ会社が画像生成AIや自然言語生成AIのChatGPTを作っているのであり、相互に密接な関係があると考えることができる。

当然ながら、生成AIには音楽を創作するものもあり(4)、絵画の創作とは異なる意味で、重要な問題を提議していると思われる。それゆえ、本論では、人工知能技術による創作という問題を取り上げながらも、ほんの一部の技術だけを参照するという方法には不十分さが感じられるかもしれない。だが、一つの論考で論じられることには限りがあるので、不十分であることを十分承知した上で、考察を進めていきたいと思う。

さて、筆者個人には絵画の創作能力はないといえるし、それゆえその方面での創造性はないと考える。また、本論で取り上げる生成ＡＩを使いこなしているわけでもない。それゆえ、日本国内では芸術家たちが既に随分前からＡＩ芸術について議論を重ねてきているが⑸、それらとは質的にも異なるレベルでの考察しかできない、ということは、予め承知していただきたいと思う。

１．人工知能技術による新しい創作ジャンルの幕開け？

人工知能の開発が及ぼす影響を巡る日本国内と西洋（ＥＵとアメリカ）における議論の違いの一つに、西洋社会では終末論（あるいは黙示録的時間）を彷彿させる議論がある。キリスト教の影響があると考えられるが、より直接的には、大衆文化等で描き出されてきているロボット・人工知能が人間に敵対するようになるというイメージに強く影響を受けていると思われる。同様に、人工知能の技術革新を推進しようとする研究者の立場から、シンギュラリティ（特異点）を巡る議論にもみられるように、いまだ開発途上の人工知能が人間の知性を超える時がやがて確実に来ると喧伝された時には、その背後には終末論的期待を読み取ることは、それほど難しいことではなかった。シンギュラリティという言葉自体はシェイクスピアにも出てくるので、この言葉自体には罪はないが、おそらく人工知能研究者が想定するより高度な人工知能（汎用型人工知能）が開発されたならば、どのように人間は人間以上の知能を持った機械に対応できるのか、という懸念があるからではないかとも考えられる。しかし、汎用型人工知能開発へ向けて研究が始まるという告知は何度も聞くが、未だに実現されたという報告はされない。現在におけるＡＩに関わる倫理的・哲学的議論においては、汎用型人工知能という問題よりも、より実現性の高い特化型人工知能の多様な種類について考察を加えた方が、より具体的に考えられると思う。その際、重要なのは、これらＡＩは今までの技術は十分になし得なかった領域に関わることができるようになるのではないのか、という期待である。

ポスト・ヒューマンに関する議論は上柿論文に譲るが、総合人間学会の大会シンポジウムでポスト・ヒューマンをテーマとすることについて、一部で否定的な反応があったことについて少し考えてみたい。まず、ポスト云々というと、日本国内ではポスト・モダンの模倣概念であるかのように受け止められるところがあり、かつ西洋での議論の模倣なのかという疑念もあったのではないかと思う。また、人工知能をはじめ、昨今の革新的技術開発が人間性を蔑ろにするという懸念もあったのではないかと思う。しかしながら、ChatGPT のニュースでも分かるように、人工知能技術の革新的開発が先行しているのは欧米である西洋社会であるという点である。最近は中国も人工知能に関する論文件数で急速な勢いで発展しており、２０２３年時点では、世界の人工知能開発は米中の二大国の間の競争となっている。それに対して、日本国内における人工知能技術の開発は、基礎研究の点でも、社会実装や社会応用という観点からは遅れているのではないかと懸念される。それゆえ、日本における人工知能の社会的受容度のかなり遅れが、人工知能研究者ではない人文社会科学系の研究者の間で疑念を生む土壌になっているのではないかと思われる。筆者は、２０２３年2月にアメリカのオハイオ州立大学のキャンパスを訪問したが、コロナ禍への対応の一環としてであろう、ＡＩを搭載したロボットでの食べ物の配達が当然のように行われていた。

さて、２０１7年頃から、Watson を開発したＩＢＭがＡＩは Augmented Intelligence でもあり、人間を支援する拡張機能であると説明するようになってきている。これは、ＭＩＴの研究者たちが Extended AI と呼んでいるのと軌を一にする流れであるともいえる。これらの流れは、人間中心ＡＩ（Human-Centered AI）と呼んでいる技術開発の方向性であるといえる。筆者が考察を行う立場も、この観点に近い。人間に取って替わる人工知能ではなく、人間を中心とし、人間の能力の支援、増強をする技術としての人工知能開発、責任あるＡＩという方向性である。新しく開発される技術が社会の様々な領域で応用できる場面は多々あると考えられるし、人工知能の開発過程で生まれてきた様々な副産物が、先端の技術の現場とは異なる場で利用されつつあることも確かである。ＡＩの研究者や先端的開発企業が、ＡＩの開発の過程そのものに倫理的次元を求めるようになって久しいが、ＡＩ技術の利用と社会実装が、ＡＩ研究者や企業が掲げる高い倫理規範に従うのかというと、必ずしもそうではないのではないのか、という懸念がある。更にいうならば、所と時が変われば、「国家」が革新技術であるＡＩを支配の道具として利用しようとするのではという懸念は、単なる懸念ではなく、現実の課題であるといえる。

さて、このようにＡＩを巡っては、実際には深刻な政治的・経済的そして軍事的課題がある中で、人文学的な問題提議は、それほど重要ではないと見なされるかもしれない。実際、そうであると認めるのもやぶさかではない。例えば、本論で取り上げる画像作成、絵画創作のＡＩ技術は、軍事利用や経済分野でのＡＩの利用に比べたら、あまり実害がないかと想定されるかもしれない。しかしながら、画像生成ＡＩプログラムをめぐってはイラストレーターらの雇用に関わる問題点が議論されてきており、極めて重要な問題も含まれている。それは同時に、創造性に焦点を向けすぎることに潜む問題があることも注意しておく必要があることは指摘しておきたい。

2．人工知能を使った創作

さて、人間を支援する拡張機能としてのＡＩを画像、絵画などの創作に用いるとはどういうことなのであろうか。まず、何点か確認しておきたい。

人間の場合でも絵画の上手な人やそうではない人がいるように、これらの生成ＡＩを用いて創作された絵画、画像にも様々なレベルのものがある、という点である。いわゆる趣味レベルのものに留まっているものから、商品化を目指して作成されるもの、美的なものを目指して作成されるもの、そして、それらの中から芸術的とされるレベルに達すると評価されるものなど、様々なレベルがあるという点である(6)。また、同一のプログラムで作成する絵画、画像には、人間の画家に個性があるように、それ独自の特徴的な作風がある。作画する立場からは、プロンプト（言葉を入力）し、プログラムを微妙に操作することによって、少しずつ画像の作成、作画の技巧が上達するといえる。

ＡＩ技術と創作家との関係をどのように考えることができるのであろうか。ここでは、英オックスフォード大学で調査され、２０２２年に公開された報告書を参考にしてみよう。報告書を書いたプロエンらによれば、まず以下のように考えることができる(7)。

新しい技術と芸術家との関係は、徐々に発展してきているといえる。新技術が知られるようになり始めた第一段階では、新技術は従来の芸術家の価値の脅威となると感じられる。第二段階では、徐々に新技術を試してみる人々が現れ、芸術の創作において新技術の役割や意義は何であろうかと考察されるようになる。そして、第三段階では、芸術家と新技術のシナジー（synergies）が、つまり芸術家の芸術創造の道具に十分統合されるようになってくる。そして、現在では、第三段階に属する芸術家が現れてきており、報告書はこれらのＡＩ技術を創作に利用する芸術家へのインタビュー等を基にして作成されている。

プロエンらによれば、芸術家とＡＩのコラボレーションによるコンピューターによる芸術の創作を行う分野とは別に、機械・ＡＩは創造的でありえるのか、という問題を問うComputational Creativityという分野がある。それは機械による創造性とは何であるのかを問うと同時に、人間の創造性とは何かを問い直す試みでもある。

今日、ＡＩと芸術分野で活躍しているのは、ほとんどがこの第三段階に属している芸術家であると思われる。それらの作品のなかには、Luba Elliott が管理している AI Art Gallery に見られるものもある。このAI Art Gallery（http://www.aiartonline.com/category/art-2020/）には、２０１７年から２０２２年までの作品が挙げられている。ここでは、芸術家、スタイル、色彩、感情、主題、形式に分けられて、まとめて見ることができる。このうち主題は更に建築、家族、森林、人間、愛、山、自然、裸、肖像画、海に分けられている。主観的に判断するならば、自然、景観等は、実際に見て描いたかもと思われるような画像が生成されているが、人間の顔は画像生成するのが難しいのが分かる。人間の顔にはなっていない画像が多い理由については、良く分からない。また、興味深いのは、ＡＩによる画像生成であるわけだが、スタイルの分類は、抽象画、建築、アール・ヌーヴォ、キュビズム、ファンタジー、シュールレアリスムといった既存の芸術ジャンルに当てはめて分類している点である。これは、見る人が分かり易いようにするためなのか、あるいは社会一般に受け入れられる画像生成だけを提示しているのかは、ここでは判断はできないが、既存の分類に従わせようとしている点は興味深い。これとは別に、Nvidia の The AI Art Gallery（https://www.nvidia.com/en-us/research/ai-art-gallery/）もある。

プロエンらの報告書によれば、今日、AI Art とも呼べる領域で芸術作品を創作している人の間には、大きく分けると、芸術を背景に持ち、ＭＬ（機械学習）の技術を利用、あるいは収得してＡＩアートを創造する人と、ＭＬの背景を持ち、芸術、デザインなどを創造しようとする人のグループがおり、其々の間にはグラデーションでＭＬをツールとしてどの程度使うのかで差異が生まれてきている。使われているツールとしては、少し古いが、代表的なものでDeep Dream Generator（https://deepdreamgenerator.com/）がある。
国内でも人工知能を用いて画像生成、絵画制作を行っている研究者、芸術家たちは多くいるが、本論では、ほとんど参照していないことを予め述べておきたい。これはひとえに筆者の怠惰に帰する問題であるだけである。日本国内の芸術家によるＡＩの利用やＡＩ研究者による創作にも注目すべき事例が多々あるが、本論では取り上げる余裕がなかっただけである。ただ、本論を準備している最中に開催され個展だけは見にいった。２０２２年11月に銀座にあるGinza Six「Saf Gallery」では、画像生成ＡＩによる画像に人間が絵を描き加えるという形式で、テクノロジーの創作と人間の創作とを融合させようという試みが展示された。これは、ＡＩアーティストの窪田望が「あの紙ヒコーキくもり空わって」という歌の歌詞からＡＩで画像を生成し、その歌詞の作者である３２６（ナカムラミツル）が絵を書き足すという形で創作した作品が幾つか展示されていた。この曲は、２００８年に放映されたテレビドラマの曲として使われ、若者から支持されたという。ただ、同じ日本国内で創作されたＡＩ芸術であるが、このような特定の社会的文脈を前提としたＡＩアートの意義は、その社会的文脈を共有していない筆者にとっては、良く理解できなかった。

他方、日本ではないが、海外の文化を前提としていたとしても、筆者が知っている歌を前提としているＡＩアートの意義の方はまだ理解しやすい。例えば、自身がＡＩ研究者であり、歌手でもあるホーリー・ヘーンドン（Holly Herndon）の例を見てみよう。

ヘーンドンは自らの声をＡＩに学習させ、他の人がヘーンドンの声で歌えるホーリー＋を作成している。ヘーンドンは、もし誰かが自分の声を使って歌を歌った場合、歌手としての自身の「声」の権利はどうなのであろうか、という興味深い問題を提議しながら、人間の集団的行為のアーカイブという問題に直面することになるであろうという(8)。２０２２年11月に公開されている、DALL-Eを用いて自らのデジタル・ツインを作製し、ドリー・パートンの『ジョリーン』を歌う作品は、芸術活動と技術を融合させる試みの一つの成功例として挙げられている。それは人間の創造性を拡張するために用いられており、人間に取って替わるものではないという(9)。筆者は、ドリー・パートンの『ジョリーン』を偶然知っていたので、ヘーンドンの生成ＡＩ作品を楽しむことができた。

このような事例から分かるのは、生成ＡＩを用いた画像生成の受け止め方も、文化的文脈に依存している場合とそのような前提を共有していなくても分かる場合とがあることが分かる。ただ、これは画像生成ＡＩに限られたものではないことはいうまでもない。

3. 画像生成ＡＩによる絵画は誰の創作？

さて、画像生成ＡＩの社会的受容という問題を考えた場合、経済的文脈も重要になる。ＡＩ研究者として経済的基盤がある人は別にして、画像生成ＡＩ等には経済的利益と交換することを目的として作成する場合もあるであろう。

ここでは、最初にGANs（敵対的生成ネットワーク）というプログラムを使って「芸術」作品を売った事例を見てみよう。

少し前になるが、２０１８年、フランスの三人の男性による芸術家グループObviousが作成した「Edmond de Belamy, from La Famille de Belamy（ベラミ家のエドモン・ド・ベラミ）」という肖像画が、オークションハウスのクリスティーズで４９００万円で落札された。このニュースは、ＡＩが描いた「芸術作品」が高値で取引されたとして話題になった。だが、この出来事には、もう少し複雑な事情が関係している(10)。

フランスの芸術家グループObviousは、アメリカのロビー・バラット(Robbie Barrat)という若者が17歳の高校生の時に作り公開したプログラムを用い、それに若干の手を加えて(と主張している)、AIに画像生成させたという。Obviousの三人は、バラットに、バラットが公開したプログラムを用いて生成した画像、絵画、芸術作品をオークションに出すということを事前に伝えてはいなかった。バラットはプログラムを公開した時には、無償のプログラムとして公開したので、自分が作ったプログラムの著作権の主張はしていなかったし、誰かが経済的利益を得ようとするとも思っていなかった。Obviousの行動に戸惑いを感じていたようである。

さて、この事例は、画像生成AIプログラムで作成した画像の著作権は誰にあるのか、無償で公開したプログラムを商用利用しても許されるのか、AI研究者と社会一般とのギャップ等々、考察すべき問題や社会倫理的な問題もある。

まず、この芸術家グループについて考えてみよう。この芸術家グループObviousは、GAN(敵対的生成ネットワーク)の発明家であるIan Goodfellowへの賛辞として、この一族のポートレイトを作成したという(11)。その主張は、GANismとでも呼ばれる芸術活動を正当な芸術運動として確立し、創造性は人間に限られるものではなく、非人間的な美も受容されるべきであるというものである。つまり、AI、機械にも「芸術」を創作することは可能であると主張している。そして、このグループはNFT(Non-Fungible Token/非代替性トークン)の作品を精力的に作っているようである。

つまり、この芸術家グループは、GANsを用いて画像、絵画を作成し、それを「商品」として価値づける芸術活動を行っている人たちであることがわかる。「芸術」作品を売買することについては特に述べることはないであろう。むしろここでは、Edmond de Belamy, from La Famille de Belamyという作品が誰の創作したものなのか、という興味深い問題が提示されている。ロビー・バラットが作ったコードで生成されたのであるからバラットが作成したといえるのか、あるいは、画像よりもそれにEdmond de Belamy, from La Famille de Belamyという名前を付けたObviousが「作品」を作ったと考えた方がよいのか。あるいは、画像生成ＡＩ研究者がいうように、ここで作成された画像はごくごくありきたりのものにしかすぎないが、今回、一般社会ではＡＩが創作した初めての絵画という触れ込みでオークションにかけられ、高額で購入した人が絵画としての価値を高めたといえるのか、という問題もある。当初の予想よりもはるか高価な金額で落札されていた。

さて、Obviousが用いたＧＡＮは、実在しない人物の顔や姿などを本当の人らしく画像生成できるという点に特徴がある。実在しない人物の顔や姿であるという以上、それは「複製」作品とはいえない。「写真」と同様の画像が生成されるので、対比することができるが、実在する人の「写真」ではないので、「複製」ではないとされる。本物のようであるが、本物ではないのが、ＧＡＮが作製する人間の顔や姿である。ここには、ベンヤミンが提起した複製芸術の問題点はないと言えるのではないかと思う。

さて、先に挙げたプロエンらは、ＧＡＮ等を用いた芸術表象に見られる創造性とは、統計的創造性（Statistical Creativity）でもあるという。それはＭＬに多量のデータを読み込ませることによって成り立つと言える。この議論は、コンピューテーショナル・クリエイティヴィティに繋がるが、データを読み込ませることによって生成しているなら、創作ではないのではないか、と反論する人もいるかもしれない。だが、人間が絵画を学ぶ場合や絵を創作する場合、過去の多くの作品等を参照する。そして、最初は模倣することを通して学ぶ。それゆえ、この点ではそれほどの相違はないのではないかと思われる。

さて、ＧＡＮが生成する画像には絵画的なものもあるが、その眼目は寧ろ写真的な画像にある。わざわざこれらの人間の顔は実在している人の顔ではありません、と断らなくてはならないほどの実写的な画像を生成することができる。むしろその社会的影響力という観点からは、実在しないのに見た目が「実在」するかのような見えるので、エヌヴィディアの研究者が写真は証拠としては使えなくなると注意を促している(12)。当初は顔だけであったが、後には全身の姿を生成することができるようになっている(13)。

ところが、ＧＡＮとは異なる画像生成ＡＩであるＣＡＮ（敵対的創造ネットワーク、Creative Adversarial Network）が既に２０１７年に開発されており、ＧＡＮよりもより鮮明で特徴的な画像が生成できるという。しかし、ＣＡＮによる画像生成については、社会的インパクトのあるニュースがなかったためか、インターネット上を探したがなかなか適切な画像を見つけることはできなかった。

さて、次の問題に移る前に、同じ画像生成ＡＩプログラムを利用して創作する画像の量と質について若干の考察を行ってみたい。これらの画像生成ＡＩプログラムが公開されてから、まだ時間が少ししか経っていないので、まだ見られる反応としては割と好意的なものが散見されるが、筆者が見た限りでは、もしこれらの画像生成ＡＩプログラムを商用で使おうとするならば、量と質の観点から陳腐化が一つの帰結となるのではないかと考えられる。デザインや商用画像の場合は、他との選別、区別化が求められるので、利用者が自分でプログラムを修正できるようにしなければ、異なる画風、画質を持った画像を作れないので、利用価値が低下すると考えられる。

4．道具としての画像生成ＡＩプログラムの位置づけ

２０２２年8月、ジェイソン・アレン（Jason Allen）が人工知能の画像生成ＡＩ「Midjourney」を利用して描いた絵画《Theatre D'opéra Spatial》（宇宙のオペラ座）がアメリカ、コロラド州で開催されたファイン・アート、「デジタルアート・デジタル加工写真」部門で優勝した。アレンは80時間以上かけて、少しずつ画像を修正しながら、完成させたという。芸術作品のコンテストの審査員は高く評価したが、同時に、周りからは否定的な声が上がってきたという。コンテストで、人間が作製したものよりも人工知能で作成した画像を優秀作品として選んだことに対する否定的な声が多かった。しかし、この「デジタルアート・デジタル加工写真」部門は、「制作あるいはプレゼンテーションの過程でデジタル技術を使った作品」の審査部門であった。そうであるならば、多くの否定的な声は前提を十分に把握しきれていなかったのではないか、といえる。他方、考えなくてはいけないのは、優勝しなかった作品もすべて人工知能を含めたデジタル加工技術を用いた作品であったわけであり、それらの画像生成ＡＩによる作品が見られず、比較することができないので、残念である。

さて、本節では、アレンが80時間以降かけてMidjourneyを操作したという点から、道具としての画像生成ＡＩについて考えてみたい。

最初に次の点を考えておきたい。人間が行う作図、描写、色付け等の作業と比べて、人工知能を用いた作画、画像制作、絵画創作はどこが違うのか、という点に目を向けておく必要がある。専門家である画家ではなく、素人が想定する絵を描くという作業とＰＣ上の画像作成とを対比させて、その基本的な相違を捉えておきたい。ここではあくまでも素人が絵描きをする場合を想定したものであり、専門家である画家の場合ではない。

さて、人間が筆＋絵具あるいは色鉛筆等を用いて何かしらの絵を描く場合を考えてみよう。多くの場合、

人間が「筆」や色鉛筆を使って描写する際との対比

	道具	絵を描く材料	対象
人間	筆＋絵具 or 色鉛筆	紙	具象的
	視覚	手・身体	

	道具１	道具２	
人間	PC	ＡＩプログラム	PC上
	言語による指示	より微妙な指示	
		（ノイズ）	

描きたい対象がある。自然の風景、都会のビル群、飛行場、学校、人、動物、家具、最近ではアニメ等の登場人物。既に何らかの対象物があり、何を描くか、どのように描くかを決める。決めても、対象物を描く技巧によって、対象物がどのように描き出されるかが変化してくる。絵画の先生から描き方、上手に描く方法、見方などを教わり、それを自分で習得していく。習得するとは、身体の部分（眼、腕、手等）を用い、道具である筆、色鉛筆等をどのように用いるかも含む。そして、絵を描く紙の上に、どのような構図で描くかを決めていき、下絵を描いた上で、描き出す。その際、どのような色使いで描く等、描く人自身の個性が表れるような技巧で描き出すことになる。そして、出来上がった作品は、画家、作家であるその人の特徴、その人ならではの個性が「反映」されてくると思われる。

このように人間が描く場合は、何かしらの「心」の在り方が重要になってくる。ＡＩプログラムを用いる場合も「心」が重要になってくるが、その在り方はかなり異なる。その点も含めて、次にＡＩプログラムを用いて画像作成をする方法について考えてみたい。

さて、筆者は自分自身ではこれらのＡＩプログラムを使いこなせてはいないので、これらがどのように応用されているのかを参照しながら、考察を行ってみたい[14]。

まず出発点から異なっている。画像生成ＡＩプログラムが作ったサンプル画像を見て、まず、このプログラムを使ってみたいかどうかを決める。例えば、画像生成ＡＩプログラム Midjourney が作り出した画像見て、気に入り、それと同じような「画風」の画像を作ってみたいかどうかを決める。画風にはいくつかの種類があるようなので、それらを出せるように自分でプログラムを試行錯誤する必要はある。次に行うのは、いうまでもなく、Midjourney のプログラムを使えるように登録することである。そして、最も重要な相違は、自分が描きたいと思っている画像を示す言葉、文言を入力（プロンプト）する点にある。人間が行う作業はここまでである。そうすると、画像生成ＡＩプログラムである Midjourney が自動的に画像を生成し、その結果を表示する。修正をするために更に言葉、文言を入力（プロンプト）して、自分が求めている画像が生成されるまで続けることになる。どのような画像が生成されるのか、それは指示をする言葉にもよるが、より多くはＡＩプログラムに依存している。そして、既に述べたように、生成される画像はコンピューター上に表示される。

Stable Diffusion においても、細かい操作、指示の点においては異なっているが、人間と画像生成ＡＩプログラムとの関係は大まかでは同じであるので、ここでは省くことにしよう。付け加えておく点があるとしたら、これらの画像生成ＡＩプログラムが生成する静止画像を応用して、他のＡＩプログラムと連結させて、動きはぎこちないが動画を作成できるようにしたりする人も出てきている。

さて、これらの画像生成プログラムを利用して、既に商用に利用とする動きも出てきている。ＮＦＴアートとして販売している人もいる。今までは画像やイラストを発注していた会社などが自分で Midjourney などを使って作成し、いわゆる画像やイラスト作成を仕事としている人に発注しなくなるかもしれない。あるいは反対に、これらの画像、イラスト作成を仕事としている人がこれらの画像生成ＡＩプログラムを使って画像を作成し、それを販売し始めている。いずれにせよ、経済的な面でも有効に使える人も出てくると思われる。

さて、ＡＩの専門家にとっては当たり前過ぎて疑問にも思えないと思うが、Text to Image と呼んでいるように、指示を言葉で入力することよって画像を生成させる。しかし、画像が生成され、表示されるまではどのような構成、色合い、イメージの画像が生成されるのかはわからない。このように人間が画像生成ＡＩプログラムを使って創作した画像を、人間の創作物と捉えることができるのであろうか。Midjourney や Stable Diffusion で作成された画像が公開されているが、それらが権利のある画像なのかどうか不明なので、アクセスリンクのみを挙げておく(15)。

これらの画像生成ＡＩプログラムによる画像制作のうち、まず公表されているのは、レベルの高い画像であるということを確認しておきたい。というのも、様々な「失敗」レベルの画像作成もなされているからである。そして、新たな言葉による指示を繰り返し与えることによって少しずつ、画像を修正していくという過程を経る。

画像作成の産物が同じ画像であるとしても、その創作過程では、通常の絵画制作とはかなり異なる過程を経ることがわかる。以下の考察では、相違に着目をするが、しかし、それは画像生成ＡＩプログラムによって創作される画像・絵画の評価を低くするためではない。あくまでも相違について論じる過程で、むしろ画像生成ＡＩプログラムによる創作ジャンルの意義について確認するためである。

まず、これらの画像生成ＡＩプログラムが創作した画像、絵画には、例えば、風景画の場合、作者がその風景の場所を訪れ、そこにいたという事実、あるいはベンヤミンのいう意味でのオリジナリティが欠如している、という点が明らかである。だが、問題は、描かれている内容が実在しない架空の場面であるならば、オリジナリティは別のところに探し求めることができるのではないか、という点である。

まず何よりも気づくのは、通常、絵画を作成するという時に想定する筆、色鉛筆等を手で持ち、手腕を動かし、筆、色鉛筆を微妙に動かなしながら、描いていくという作業が画像作成ＡＩプログラムには欠けている。キーボードを打つのも身体性だと主張する人もいるかもしれないが、直接、何らかの絵、画像を描き出しているわけではないので、やはり身体性の欠如を挙げることができるであろう。

次に挙げることができるのは、画材の欠如である。それにより、絵具等を使う際に感じる匂い、手に感じる絵具の質等々の感覚的側面が生まれてくる。そして、様々な色合いを作り出すという過程もない。それゆえ、作成過程における審美的側面が欠けていることがわかる。

そして、何よりも創作の時間と過程そのものが欠如している。画像作成ＡＩプログラムに入力するのにも時間がかかるという反論があると思うが、入力というのが、作成、創作の過程と呼ぶことができるのであろうか。

従来の絵画創作の過程を基準として考えた時、対比して見られる「欠如」は創作という意味を成しえない要件と挙げることができる。画像生成ＡＩプログラムを用いる際には、絵具の匂いや手についた時の感触などは感じられない。それゆえ、創作過程における、ある意味での楽しみが欠如しているということができる。

だが、問題は、このような従来の筆・色鉛筆などを用いて描く絵画を基準として、それとの対比で画像生成ＡＩプログラムを用いて製作する画像を評価するので十分なのであろうか、という問題がある。例えば、芸術の創作という分野から視野を広げてみるならば、奇妙なことに、人間は人間が作り出した道具、それが楽器の場合もあるかもしれないし、自動車の場合もあるかもしれないが、それらの道具、機械をいかに上手に使いこなすように収得できるかが重要となってくる。音楽ならば、例えば、誰でも同じ管楽器を使うとしても、その楽器を如何に上手に演奏できるかによって、その演奏者が評価される。

それゆえ、画像生成ＡＩを利用して創作するというのは、異なる種類の作品生成のプロセスなのかもしれない。人間の思考では思いつかないような画像やイメージが作り出すことができるわけだが、そのような画像を見て、自分の手で従来の仕方で描いてみたいと思う人もいるかもしれない。そうすると、このような画像生成ＡＩの新しい使い方というのも見えてくるかもしれない。

5．自ら創造性を発揮する道具としての画像生成ＡＩプログラム

さて、既に述べたように、機械あるいはコンピューター自身に創造性があるのかを問うコンピュテーショナル・クリエイティビティという分野がある。それは、ラモン・ロペス・デ・マンタラス（Ramón López de Mántaras）が論じているように、コンピューターにエージェント性を見出そうとする立場である[16]。コンピューターを単なる道具として見なすのではなく、それ自身で創造性を担うエージェンシーとして見なすことができる。単なる行為者ではなく、創造性を生み出すエージェントと見なす立場である。コンピューテイショナル・クリエイティビティが存在するのかどうかについては、ソフトウエアそのもの、ソフトウエアが作り出す作品の文化的価値、コンピューテイショナル創造性について相互に社会的な同意が必要である。だが、コンピューターに創造性を認めようとする立場に対しては、批判的な立場もある。例えば、カントの立場から批判するデイター・メーシュ（Deiter Mersch）などはその良い例であろう[17]。だが、そのようなメーシュに対して、その美的概念は狭すぎると批判をする論文も発表されている[18]。

コンピュータが創造性を発揮するようなプログラムの開発はかなり前から取り組まれている。例えば、

サイモン・コルトン（Simon Colton）の Painting Fool や既に取り上げたアーメド・エルガッマル（Ahmed Elgammal）のＡＩＣＡＮ（Artificial Intelligence Creative Adversarial Network）などを挙げることができるので、突然現れたわけではない。エルガッマルは、実際、自分はアルゴリズムを設定したが、機械が何を創作するかについては何も制御できないと述べている(19)。

現在では、画像生成ＡＩプログラムがコンピューター上で動く段階から、ロボットと結合して創作を行う段階へと移行している事例もある。それが、英国で作られたロボット・アーティスト Ai-Da である。この名前は、最初のコンピューター・プログラマーと見なされている Ada Lovelace（1815-1852）にちなんで名づけられた。Ai-Da は芸術作品を創作すると主張するだけではなく、自分自身が芸術であるとも主張する。

さて、公開されている Ai-Da が創作した作品の幾つかをみてみよう。まず、最初に、２０２２年２月に行われた英国エリザベス女王 Platinum Jubilee のために Ai-Da が描いた絵が上の写真である。

写真　BBC News, Platinum Jubilee: AI robot paints Queen's portrait, May 27, 2022, https://www.bbc.com/news/uk-england-oxfordshire-61600523

Ai-Da は 2019 年に公開され、カメラ、ＡＩアルゴリズムとロボット・アームを使って、芸術作品を作り出す。Ai-Da のＨＰには以下のようなことが書かれている（https://www.ai-darobot.com）。

1．芸術とは人々によって異なることを意味する。

2．マーガレット・ボーデン（Margaret Boden）がいう「作品が創造性的とは、何かしらの新しく、驚きがあり、文化的価値があること」という意味で用いる。

3．従来、芸術は人間の創造性の領域であったが、現在では、この人間主義から離れ、エージェンシーとは人間だけのものではなくなりつつある。芸術はもはや人間のエージェンシーのみに依拠するものではなくなっている。

そして、Ai-Da の特徴については、以下の二点に集約される。

①ロボット芸術家と称され、Ai-Da 自身が芸術でもあると主張。

② Ai-Da が創作した作品が芸術作品と呼ばれる。

Ai-Da の場合は、それ以前に取り上げた画像生成AIプログラムと比べて、Ai-Da は身体性を備わったロボットであるという点に大きな相違がある。それゆえ、若干異なる問題も生まれてくる。

まず、Ai-Da は芸術家であると表象されていることの政治的・文化的文脈について、簡単に見てみよう。ボヤナ・ロミック（Bojana Romic）は、Ai-Da の女性型ロボットの形態は、既存の人型ロボットの擬人化の社会政治的文脈を再強調するかのように表象されているが、それは、開発の経済的支援をしたアイダン・メーラー（Aidan Meller）が意図的に選択したコミュニケーション上の戦略であると論じている[20]。そして、Ai-Da と名前が付けられているのは、ハンソン・ロボティックスのソフィアと同様、人型ロボットの「個性化（individuation）」であるという。ロミックは、Ai-Da そのものが芸術であるという主張に焦点を当てており、Ai-Da が「創作」するという行為は擬人化として説明する。他方、アレクサンドラ・アニキーナ（Alexandra Anikinaha）はアルゴリズム的他者という文脈の中で Ai-Da を捉える。その際、近代の人間の概念は、生命（有機物）と非生命（無機物）の区分を当然視し、人間の優越性を前提としていたが、もはやそのような立脚点は不可能であり、代わって非生命（無機物）を意味する Geos を基にした Geontology という概念を提唱するエリザベス・ポヴァネリ（Elizabeth Povinelli）を参照している。

Ai-Da が創作する作品には、絵画作品だけではなく、彫刻も作成している。異なる種類の作品を創作する度に何らかのアルゴリズムに手が加えられるのかも知れないが、この点を確認する術は筆者にはない。ただ、ＰＣ上での画像生成と人型ロボットに何らかの画像制作を動作をさせるのとでは、かなりの相違がある考えられる。

他方、芸術を創作する人間、あるいはエージェントに着目する考察もある。しかしその場合でも、リトル・テテッフ（K.Little-Tetteh）は、このAi-Daを初め、創作をする機械を振り返って、創作活動の一部であるが、人間が感情を芸術で表象するようなことはしていないので、Ai-Daが行っているのは芸術ではないと論じている(21)。その他にも、擬人化やアニミズムなどの概念を用いながら考察を行っている研究もある(22)。ここでは、Ai-Da自身をどのように扱うかは特に取り上げないでおこう。

さて、Ai-Da自身の説明で参照しているエリザベス・ボーデンの創造性の三種類についての議論を参照してみよう。ボーデンは、創造性の三種類として、複合型（combinational creativity）、探索型（exploratory creativity）、変容型（transformational creativity）を挙げたことが良く知られている(23)。先の挙げたGANやMidjourneyには複合型の創造性を見出すことができる。Ai-Daが創作している画像、彫刻には複合型の創造性を見出すことはできるといえる。ただ、残念なことに、現在まで筆者はAi-Daの創作現場を見たことがないし、そのアルゴリズムについて解説している論文等を目にした機会がない。Ai-Daに関しては、別途、詳しく取り上げる機会を持てることを期待したい。

結びに

さて、本章では、画像生成ＡＩプログラムに焦点を当て、機械が何らかの芸術を創作するとは何を意味しているのかについて、若干の考察を行ってみた。

最初に２０２２年夏以降、２０２３年3月にかけてのＡＩに関連する動きを紹介しながら、急速に進化、展開していくＡＩ技術の問題を人文系の研究者はどのようにアプローチすることができるのかという問題を提議した。

第二節では、生成ＡＩとしてＧＡＮやＣＡＮについて取り上げ、もはや人間の目では人間の画像なのかどうかを判断することのできないレベルの画像が作られるようになっている状況を取り上げた。

第三節では、Obvious というフランスの男性三人組の芸術家グループが、アメリカの若者バラットが作り、無償で公開したアルゴリズムを使って作成したＡＩ画像がオークションで高値が売買されたという出来事を取り上げ、その問題が提議している諸問題について触れた。

第四節では、人間が筆や色鉛筆で絵を描く時と対比させながら、生成ＡＩを使って画像、絵画を作成するというプロセスについて考察をしてみた。そして、どこまで人間が身体を用いて絵を描くというプロセスを基準として考えることが良いのかどうかという問題を提議した。同時に、生成ＡＩが思いもしない画像を作成することによって、それを自らの筆、色鉛筆等で描いてみようと思う可能性についても触れてみた。

第五節では、自律的に芸術作品を創作する Ai-Da、アーティストＡＩについて少し触れてみた。ただ、残念ながら、Ai-Da についての情報が十分にないので、その製作者が Ai-Da について主張していること以上のことは十分に考察することはできなかった。

今後、本稿で十分に論じられなかった点を深く掘り下げてみたい。

注

（1）高橋ミレイ、「汎用人工知能研究ワークショップ「ＡＧＩ研究第３の波」」、『人工知能研究』38巻2号（２０２３年３月）:275-281.

（2）「単体のＧＰＵでもＧＰＴ―３などの大規模言語モデルを処理できる「Flex Gen」が登場」、２０２３年２月22日 https://gigazine.net/news/20230222-flexgen/. ２０２３年３月10日アクセス。元の論文は以下の通りである。Ying1123 et al., "FlexGen," https://github.com/FMInference/FlexGen#readme, ２０２３年３月10日アクセス。

（3）例えば、徳井直生、「ＡＩは創造性をもちうるか：生成的敵対ネットワークを拡張したリズム生成モデルを実例に」、『KEIO SFC Journal』Vol.20, No.2 (2020) : 152-174.

（4）例えば、伊藤浩樹、澤田隼、大村英史、桂田浩一「Creative Adversarial Networksを用いた新たな楽器音の生成」、『研究報告音楽情報科学（ＭＵＳ）』、2023-MUS-136, no.18:1-7.

（5）人工知能美学芸術研究会編・著『人工知能美学芸術展』、人工知能美学芸術研究会発行、２０１９年。

（6）多くの場合、インターネット上で公表されているが、書籍の形でまとめられている場合もある。Joanna Zylinska, *AI Art: Machine Visions and Warped Dreams*, (London: Open Humanities Press, 2020).

（7）Ploen, A., Eynon, R., Hjorth I. & Osborne, M.A. (2022). "AI and the Arts: How Machine Learning is Changing Artistic Work," *Report from the Creative Algorithmic Intelligence Research Project.* Oxford Internet Institute, University of Oxford, UK.）取り上げられている芸術家は、Robbie Barrat, Nicolas Boillot, Sofia Crespo, Jake Elwes, Lauren Lee McCarthy, Sarah Meyohas, Anna Ridler, Helena Sarin, David Young である。

（8）"What if you could sing in your favorite musician's voice?" Holly Herndon TED2022. https://www.ted.com/talks/holly_herndon_what_if_you_could_sing_in_your_favorite_musician_s_voice?subtitle=en

（9）Jesus Diaz, "Dolly Parton's Jolene cover is a triumph of AI, artistry, and technical genius," Fast Company, 2022年11月8日, https://www.fastcompany.com/90806911/dolly-partons-jolene-cover-is-a-triumph-of-ai-artistry-and-technical-genius

（10）Tom Simonite, "How a Teenager' s Code Spawned a $432,500 Piece of Art: Robbie Barrat shared code to generate art with AI. To his surprise, a Paris collective used it to create a portrait that sold at Christie's." https://www.wired.com/story/teenagers-code-spawned-dollar-432500-piece-of-art/

（11）ＧＡＮ（Generative Adversarial Networks）については、例えば、岡野原大輔著『ＡＩ技術の最前線』、日経ＢＰ、２０２２年、第六章生成モデル、6-1「Generative Adversarial Networks: ニューラルネットを競合させ生成モデルを鍛える」, pp.104-105. Jakub Kangr and Vladmir Bok, *GANs in Action: Deep Learning with Generative Adversarial Networks*, Manning Publications Co., Shelter Island, NY, 2019, を参照。Obvious が生成した画像、絵画については、ＡＩの専門家たちのコメ

ントでは、Obviousが行った程度の画像生成ＡＩはごくごく当たり前に行われているので、特筆に値するようなレベルのものではない、というのもあった。

(12) StyleGAN (2019)　ThisPersonDoesNotExist (https://this-person-does-not-exist.com/en)　アクセス　２０２３年3月12日

(13) StyleGAN-Human: A Data-Centric Odyssey of Human Generation (2022)　人の鮮明な全身画像を生成生成されるファッション・モデル　https://stylegan-human.github.io/　アクセス　２０２３年3月12日

(14) 筆者は、ここでは、いくつかの仕方で、最近の研究動向についての情報を入手している。例えば、日本語のGigazineサイトで説明された最近の研究動向を、オリジナルの研究が発表されたサイトを確認したうえで、その内容を取り上げる、という流れで、情報収集をしているという点を説明しておきたい。

(15) Community Showcase, Midjourney, https://www.midjourney.com/showcase/recent/　２０２３年3月12日

(16) Ramón López de Mántaras, "Artificial Intelligence and the Arts Toward Computational Creativity"　２０２３年3月12日

(17) Deiter Mersch, "(Un)creative Artificial Intelligence: A Critique of 'Artificial Art'" (2020)　２０２３年3月12日

(18) Georg Trogemann, Christian Heck, Mattis Kuhn, "Kommentar zu: Dieter Mersch, (UN)creative Artificial Intelligence" (2020).　２０２３年3月12日

(19) K.Little-Tetteh, H. Shchyhelska, "Artificial Intelligence Painting: Is it art, really?" Секція 3. Науково-технічний прогрес: проблеми та перспективи, pp.73-75.

(20) Bojana Romic, "Negotiating anthropomorphism in the Ai-Da robot," *International Journal of Social Robotics* (2022)14: 2083-2093.

(21) Ibid.,p.75.

(22) Alexandra Anikina "Procedural Animism: The Trouble of Imagining a (Socialist) AI," *APRJA* v.11, Issue 1. 2022: 134-151. ʹSidey Myoo, "The Commonplace of Man in the Times of Anthrcpomorphic and Intelligent Robots," *Art Inquiry*, v.XXII, 2020 107-120.

(23) Margaret A. Boden, *Creativity & Art: Three Roads to Surprise* (Oxford: Oxford University Press, 2010).

（きむら　たけし／筑波大学人文社会系／宗教学）

デジタル社会に生きる子どもたち

中村　俊

はじめに

ＡＩ（人工知能）ブームである。しかし、どうもＡＩは実力以上に語られる。たしかに２０１０年頃からの深層学習の成果には素晴らしいものがある。だが、人間にも得手不得手があるようにＡＩにも得手不得手がある。いや、不得手である以上に、コンピューターには原理的に決定不能な問題が存在することが数学的に明らかにされている（ライスの定理）。それに加え、たとえ量子コンピューターがフル稼働できるようになってもなお現実的時間内で解けるのかという課題（ＮＰ問題）もある。この制約を回避するべく深層学習が開発された、とも言えるのである。そうして、得手なところで人間の能力を凌駕する成果が出始めた。

一方で、ＡＩ技術に対する強い警戒心もある。ＡＩ研究者は研究費を獲得するためにスポンサーや世論の想像力を刺激し、期待と資金を引き出そうとしがちである。しかし、この警戒心は、高度に発達した今日の資本主義システムの技術的「中立性・自律性」という外観が、一方ではシステムへの無批判的なよりかかり、他方では監視強化、隷従の強制に至るのではないかという疑いでもあるだろう。ＡＩ技術は資本主義システムの「中立性・自律性」をますます完成度の高いものにすることに貢献しているのではないか？

デジタルネイティブ世代が決めることではあるが、本稿では、ＡＩ技術の進歩とともに急速に変化しつつある社会のリスクと可能性をみきわめて、子どもの人間的可能性を伸ばしてゆくにはどのような社会的条件、主体的条件が必要なのかを考えてみたい。そこでまず、第一節ではＡＩ技術、深層学習の発展史を脳科学との関連性という点から振り返る。ついで第二節では子どもの発達、とくにＡＩと対比しながら人間固有の学習能力について乳幼児発達の研究成果を紹介する。最後に、第三節では、デジタル社会のリスクと可能性について検討し、可能性の側面をのばすための主体的・社会的条件について述べたい。

１．脳研究とＡＩ開発

１９４０年代にコンピューターが発明されて以来、数十年をかけてＡＩ研究者が積み重ねてきた開発過程の一端を知ることで、誇大な評価や、恐れが和らぐことを期待したい。もっとも今日のインターネットをはじめとするコンピューターシステムはアラン・チューリング、フォン・ノイマン等による数学基礎論（オートマトン言語理論）に始まり、計算機アーキテクチャ、プログラム言語、半導体電子回路等の開発を含む極めて複合的な技術である。従って、以下で紹介するのは脳科学を専門とする筆者の視点から見たＡＩの開発過程であることをおことわりしておく。

脳の並列分散処理とコネクショニズム

20世紀初頭のコンピューターの黎明期から認知心理学者、工学研究者等は思考する機械装置を作ろうとしてきた。アラン・チューリングは、コンピューターの能力をモデル化したオートマトンの原理を考案した。チューリングは、そもそも計算とは何か、コンピューターが決定できるのはどのような計算なのか、また現実時間で解ける問題と解けない問題を区別した。これらの初期の原理的な仕事により人間の思考過程（少なくとも形式論理的な）を工学的に実現する基礎がつくられた。深層学習と呼ばれるＡＩ研究の源流はここまで遡ることができる。

１９８０年代には、人間の脳の働きにヒントを得て、情報変換（複雑な入力を、0／1の状態として出力するなど）を実行する多数のユニットをネットワークでつなぎ、ネットワーク上に情報を分散させて表現する技術が開発された（並列分散処理）。例えば、赤という色を、「赤い車」からも、「赤い鳥」からも抽出しておき、別に取り出した「果物」とつなげ「赤い果物」という表現を作りだすことができる。この時代の深層学習はコネクショニズムと呼ばれている。

神経細胞の弱み、脳の強み

生命体が進化の過程で作り出した脳は素晴らしい性能をもっている。昆虫には、彼らが生きてゆくのに必要な多様で複雑な行動をサポートする驚異の微小脳が備わっている。人間は人間で、大脳、小脳を合わせおよそ１０００億個の神経細胞が存在し、さらに一つの神経細胞は他の神経細胞にたいして１０００個以上のシナプスとよばれる接合部でつながり、全体として巨大なネットワークを構成している。今日の深層学習システムでも、この一万分の一の規模のユニットしか実装できていない。しかも、脳には食物栄養があればよく、巨大な電力供給も冷却装置も不要だ。
ネットワーク個々の神経細胞は、半導体に比べれば不正確にしか働けない。しかし、1000個から1万個位の細胞が単一の機能を集団として担うことにより安定性が高まり、部分的に損傷してもほぼ正常に機能を維持することが可能だ。

情報を伝達する速さの点でも神経細胞は半導体にかなわない。シナプスを介した神経細胞の情報伝達にはミリ秒を要する。一方、半導体電子回路はナノ秒で情報伝達する。ナノ秒はミリの百万分の1である。1秒で百万回の計算ステップを遂行できるコンピューターに対して、脳はせいぜい100回程度しか計算が出来ない。だから、一つ一つの処理を順番に遂行する直列方式では現実世界の情報処理は間に合わない。どうしても並列処理が必要になる。そこで脳は、ネットワークを多層化し、情報を分散させて同時並行処理することにより遅い情報処理の弱点を回避している。AIの初期開発者達は、こうした人間の脳の特徴を取り込んできた。

AI研究者は学習方法についても脳研究から刺激を受けた。脳の学習は神経細胞のレベルで見ると、シナプス結合の重みづけの変更によって行われている。すなわち、同時に発火（活動）すれば結合が強化される（firing together, wiring together）という原理に従っている。これはドナルド・ヘッブという神経行動学者が提唱したシナプス可塑性による学習メカニズムであるが、深層学習のメカニズムもミクロレベルで見れば同様な原理で作動していてネットワーク結合の重みを変えて学習する。

ニューラルネットワーク

深層学習で入力層と出力層に加えて中間層を設けたのも大脳皮質が6つの層からなることにヒントを得

たものだ。１９５０年代、60年代のパーセプトロンと呼ばれた脳を模した計算モデルは、中間層は一つで、結合の重みづけの変更は一層でしか可能ではなかった。重みづけには単純な線形モデルが使われていた。この学習アルゴリズムはより複雑なモデルの基本となるものだったが、排他的論理和（ＸＯＲ、エクソア）の演算ができなかった。当時、コンピューターの開発に影響力のあったミンスキー等（1969）は、単層のパーセプトロンの限界を数学的に証明し、生物学から着想を得た学習全般に対する反発が引き起こされ、ニューラルネットワークの人気が大きく落ち込んだ。

それでも、人間の脳の働きに近い原理をもっている並列分散処理型のコンピューターシステムの面白さ、可能性を確信していた研究開発者たちがいて開発を継続していた。そのなかから２００６年のブレークスルーにつながる深層学習のＡＩが開発されてきたのである。したがって、今日のＡＩは多層ニューラルネットワーク（深層学習）だと言えるが、その開発も一直線に進んだわけではなく、１９７０年代から30年以上の潜伏期が必要だった。

２００６年の深層学習のブレークスルー

なぜ30年間もの潜伏期間が必要だったかというと、深層学習の方法がよくわからなかったからだ。また、たとえ原理的に可能でもコンピューターの性能が低く、現実的な時間で実行することができなかった。それで、コンピューターの性能が向上するにつれて、扱えるデータ量が増え、深層学習で可能なことがすっかり変わってしまった。事実、１９５０年代には数百のオーダーだったデータ量は今では億を超えるオーダーになっている。これは社会がデジタル化されたことに伴うものだし、その逆でもある。すなわち、コンピューターの性能向上と社会のデジタル化が二重螺旋のようにからまりあって進行している。

2006年のブレークスルーを引き起こしたジェフリー・ヒントン等は、多層のニューラルネットワークを層ごとの教師なし事前学習と呼ばれる戦略をつかって効率的に訓練できることを示した。カナダ先端研究機構の連携研究グループは、同じ戦略を使って他の多くの種類の深いネットワークも訓練できることを次々と示し、「深層学習」という言葉の利用が普及した。この方法は、手動で設計された機能だけでなく他の機械学習の技術を活用したAIシステムの性能をしのぐようになり、ニューラルネットワークの第三の波が始まった。

強化学習のとりこみ

さらに、深層学習と強化学習の組み合わせが効果的であった。強化学習も生物の学習方式を取り入れたものだ。第二節で述べるように、ハエ、魚類（ゼブラフィッシュというメダカによく似た実験動物で強化学習が研究されている）、マウスなど多様な生物は、行動選択の結果得られた報酬や罰から適切な行動を学習する。これを報酬学習あるいは強化学習と呼んでいる。生物は、自らの環境（自然的条件、他個体）と相互作用するうえで、「探索」と「探索結果の活用」を交互に試行錯誤する。

機械学習における強化学習も同様で、探索と活用のジレンマを解く。これは知識データベースを与えておけば学習するというタイプの学習ではなく、目標をもってそれに至る経路を試行錯誤的に発見する。たとえばゲームで勝つという目標をもたせる。碁でいえば、勝つことにつながる手をうてば報酬を与える。ずっと先の手についても適当な重みの報酬をあたえる。Deep Mind 社の Alpha Go や、後継の、囲碁の知識をまったくもたない Alpha Zero の戦績は強化学習と深層学習の連携によってもたらされた。

以上まとめると、AI、深層学習の発展の初期において研究者は脳科学の成果に触発されてシステムの設計を行った。しかし、次第にコンピューターシステム固有の論理で学習方法を精緻化し成果をあげている。神経回路のミクロなレベルでの学習メカニズムは、電子回路のような詳細さをもつに至っていない。一方、人間のもっている直観、洞察、記号の創造などの能力については、ＡＩ研究者にとっても引き続き魅力のある研究領域である。

2．子どもの発達とメディア環境

こどもはもういない

１９８２年にアメリカのメディア研究者であるニール・ポストマンが「子どもはもういない」という著作を発表し、世界各国で話題になった。日本では、１９８０年にはアリエスの「〈子供〉の誕生」（１９６０年公刊）が翻訳出版されているので、子どものあり方に社会の関心が高かったのだと思われる。「子ども学」を提唱した佐野美津男がそのタイトルで出版したのも１９８０年のことだった。子どものありかたを総合的にとらえる必要が生まれた時代だ、ということだろう。

歴史的にみると、15世紀に活版印刷が発明され大量の書物が出回るようになることで、文書、書物、新聞などがビジネスや社会生活に必須になった。書物を読めない世代という基準で「子ども期」が意識され、18世紀イギリスにおける商人階級による子弟教育の発展につながったと思われる。

ポストマンが強調したのは、１９６０年代アメリカにおけるテレビの普及にともなう、大人と子どもの差異の曖昧化である。テレビから流れる映像は、書物を読めない子どもにも理解できるもので、大人との情報源の差がなくなってしまった。またテレビに登場する子どもは大人のような服装と振る舞いをし、子

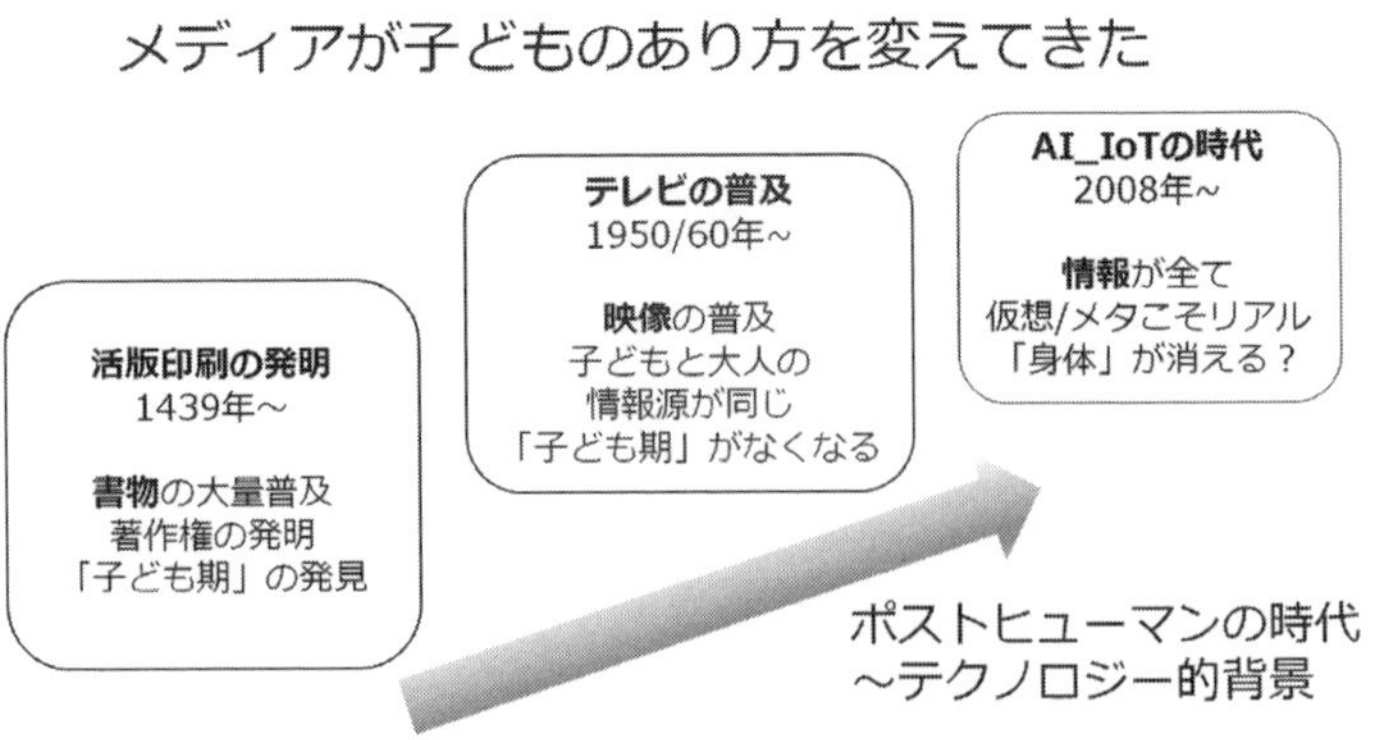
メディアが子どものあり方を変えてきた
活版印刷の発明
1439年～
書物の大量普及
著作権の発明
「子ども期」の発見
テレビの普及
1950/60年～
映像の普及
子どもと大人の
情報源が同じ
「子ども期」がなくなる
AI_IoTの時代
2008年～
情報が全て
仮想/メタこそリアル
「身体」が消える？
ポストヒューマンの時代
～テクノロジー的背景

どもっぽさはうけなくなった。逆に大人は、ジーンズとスニーカーに象徴されるように若さをアピールするようになった。子ども、大人の話題はともに13歳位の水準に収斂していると述べている。

その延長線上で今日のＡＩがコントロールしている物と人がつながったインターネット環境（internet of things, IoT）（全体をＡＩ—ＩｏＴと表現する）では子どもの姿はどのように変わるだろうか。

いわゆるデジタルネイティブ世代が成人に達しつつあるわけだが、彼らは、日本はもとより世界中の情報を検索し、いろいろなことを知っている。知っているだけではなく、国も人種も性も超えて多様な生き方を当たり前だと考え、自分のやりたいことを実行しインターネットでつながってゆく。一方、ＳＮＳ（LINEなどソーシャルネットワークサービス）依存症、ゲーム障害により生活が破綻し健康を損なってしまう中高生は、内閣府の調査・推定でも１００万人に迫ろうとしている（２０１８年調べ）。これらの可能性とリスクについては次節で改めて述べたい。本節では、発達論の視点から人間の学びについて機械学習と対比しながら考えてゆきたい。人間の学びは生涯継続するが、発達過程では特に重要だ。しかし、それは機械学習とも、ＡＩによる「個別最適化学習」とも本質的に異なっている。

教育をうける権利

今日、子どもの発達に関して基本となる考え方は１９８９年の第44回国連総会で採択された「子どもの権利条約」である。日本は5年遅れの１９９４年に批准している。前文と54条からなるこの条約では、生きる権利、育つ権利、紛争などから守られる権利、参加する権利などが40条にわたって述べられている。条約の批准までには40年以上にわたる世界の教育運動と、その中での真剣な議論のプロセスがあった。

１９４８年第3回国連総会で可決された世界人権宣言の第26条は教育をうける権利をうたった。これが、後の「子どもの権利条約」に結実するわけだが、この解説を求められたピアジェは第二次世界大戦直後の世界の教育運動が到達した発達観、教育観をわかりやすく述べている。以下の議論に関わりのある点を国際新教育連盟の機関誌「新しい時代のために」に投稿された論文から2、3引用したい。

まず、教育をうける権利ということが人間として成長するために不可欠な役割を果たしていることが述べられる。すなわち「人間存在の発達は二つの要因群のはたらきである。二つの要因群とは、生物学的な遺伝および適応の諸要因—神経系と基本的な心的機制との進化はこれに依存する—と、社会的な伝達または相互作用用の諸要因とである。後者は揺りかごのときから介入してきて、成長するにつれて行為と精神生活とを構成するうえにますます重要な役割を演ずるものである。教育をうける権利について語ることは、だから、まず、個人の形成そのものにおける社会的諸要因の不可欠な役割を確かめることである。」

ピアジェは続いて、人間社会と動物社会の本質的な相違を話題にし、次のように述べている。「人間の社会的行為のうちの主要なもの—生産の技術的諸手段、言語ならびに言語によって構成することができるようになる観念の総体、あらゆる部門の風習と規則—はまったく整えられて事物や近くの者と接触して活動するばかりになっている遺伝的機制によって内から規定されているものではなく」（中略）「これらの行為は世代から世代へと外から伝達されることによって、すなわち教育によって、獲得されうるのであって、多面的な分化した社会的相互作用がはたらかねば発達しないのである。」

他者との相互性の関係のなかでのみ育つ

これを踏まえ、教育の目標というピアジェが「全教育の主要問題」としている話題に入ってゆく。そこではまず、個人と個性が区別したうえで、「人格［個性］とは、自由に規律をうけいれ、あるいはその規律をつくりあげることに寄与し、このようにして自分の自由を各人にたいする尊敬に従属させる相互的規範の体系を自らすすんで承認する個人である。」もっと簡単にいえば、「個性は自律的であって、二つの自律は相互性の関係によってしか維持できないから、個性はアナーキーにも強制にも反対するのである。」

個性をとらえるにあたって、知的能力の達成のみを課題にしている今日の能力主義的教育とは全くことなり、他者との相互性の関係によってのみ維持される自律性という規範的関係を根本に据えていることが目につく。そして、「知的道徳的強制をさまざまな程度に含んでいる技術を用いて自律的個性を形成できるか」と問う。その技術には矛盾があり、「個性の形成は協力を基礎としていて従属に基礎をもたない社会環境における自発的な自由な活動を前提にしているのではないか」と問いかける。そして、教育をうける権利とは、「能動的な理性と生きた道徳的意識をつくりあげるのに必要なもの全部を学校のなかに見出す権利でもある。」と述べる。

この基本的考え方は、１９８９年の「子どもの権利」条約では、「教育への権利」（第28条）として定式化されている。すなわち、義務的な初等教育はいうまでもなく、中等、高等教育、及び職業に関する情報や指導も含め、社会の教育的資源を利用する権利とそれに対する財政的措置を立法・行政に義務付けるものとなっている。これは第12条の児童の「意見表明権」と響きあう。1985年に採決されたユネスコの学習権宣言は、人々をなりゆきまかせの客体から、自らの歴史をつくる主体にかえてゆくものとしての学習活動を教育の中心においている。

乳児は何を考え、感じるのか～乳児の社会的生活における体験の本質

以上述べた、発達と教育を不可分なものと捉える今日の発達論を基本にしながら、さらにメディア環境が子どもの発達に及ぼす影響について考えるために、発達心理学、比較行動学の視点からの発達論に関して、もう少し詳しく検討しておきたい。

まず児童精神科医師であるダニエル・スターンとその同僚達による症例分析、ならびに平行して行われた乳幼児を対象とした心理学的実験の報告（乳児の対人世界）を紹介する。ついで、チンパンジーと人間の子どもの発達を比較参照しながら研究したマイケル・トマセロらの研究を紹介したい。これらの研究から人間の子どもの発達の人類学的（人間学的）特質を理解する鍵となる概念に迫ることができる。

スターンはなぜ、まだ言葉を獲得していない乳児の体験を研究課題としたのだろう。まず、彼らは何らかの「自己感」が自己意識や言語に比べて発達のずっと早い時期から存在すると考える。「自己感」とは、発動の感覚、身体的融和の感覚、時間的連続性の感覚、意図の感覚などの体験である。そして自己反映self-reflexiveと言語とが、前言語的に存在するこの自己感に働きかけることによって、それが現在進行形で存在していることを示すのみならず、新しい体験へと変換する。〝感sense〟という単純な意識は直接的体験のレベルのことで、〝自己〟とは、乳児の行動や精神過程に伴ってのみ生成する意識の不変的パターンを意味する。「自己感」はオーガナイゼーションを促す主観的体験で、言葉をもつ以前に存在する自己

と言える。

この自己感を研究の中心に置く理由は、臨床的に、対人関係の正常な発達を理解するためである。もしこれがひどく障害されたとしたら、正常な社会的機能を妨害し、精神の異常をきたし、重篤な社会的欠陥状態を引き起こしかねない。スターンは次のような自己感とその妨害された状態を識別している。少し長いが、彼らの説明を引用したい。①発動の感覚（これがないと、麻痺、自分の行動なのに自分がしていると思えない感じ、外的な力に対してコントロールが効かなくなるような体験が起こりかねない）、②身体的融和の感覚（これがないと、肉体的な体験の断片化、離人感、体外 out of body 体験、現実感の喪失が起こりかねない）、③連続性の感覚（これなしでは、一時的解離、もうろう状態、健忘、ウィニコットの言う〝存在し続けること going on being〟でないこと、が起こり得る）、④情動の感覚（これがないと、〝アンヘドニア〟無快楽症や解離状態が起こりかねない）、⑤他者との間に間主観性 intersubjectivity を確立できる主観的自己の感覚（これがないと、途方もない寂寥感や、極端な場合精神が見透かされているような感じが起こり得る）、⑥オーガナイゼーションを創造しているという感覚（これがないと、精神的大混乱に陥りかねない）、⑦意味を伝達しているという感覚（これがないと、文明からの排除、交際の欠如、個人的知識の妥当性確認不能が起こり得る）。これらの自己感は、正常、異常にかかわらず、社会的発達における主観的体験の基礎となるのである。

情動調律を通して育つ自己感

このような自己感に焦点をあてることは、発達過程の臨床的印象にとてもよくフィットすると言う。発達はしばしば一足とびに起きる。特に、生後2―3カ月、9―12カ月、そして15―18カ月はめざましい変化をみせる。生後9カ月になると乳児は、突然、自分自身にも他者にもそれぞれの内的主観的生活があると感じ始める。外界の行動に対する乳児の興味はしだいに薄れ、逆に、その背後にあってその行動を引き起こす精神状態に対する興味が増大する（乳児の大好きな、いないいないバァ！）。

そして主観的体験の共有が可能になり、対人関係における主題も変わる。乳児は言葉が言えなくても、「あなたの注意を私の注意の的に向けてちょうだい」とその意志を伝えることができるようになる。そうして、情動調律 affect attunement のプロセスによって他者と主観的体験を共有するようになる。

情動調律という概念は乳児の主観的自己感の発達のうえでとても重要である。あまりなじみがない言葉だが、例えば、You Tube の「Twin Baby」という短い動画を見るとよくわかる。2歳にならない双子が、なにやら言葉以前のことばらしきもので掛け合いをして遊んでいる。手ぶりをまじえ、相手を説得しているように見える。応えていわく、「どうもちょっとね」と片足をあげ、しりごみする。二人の距離は近くなったり、また少しはなれたり。声の抑揚やアクセントと距離がダイナミックに調和している。

そうして、18カ月になればほぼ半数の乳児は、マークテストにパスする。これは乳児が寝ているあいだに、額にルージュでマークをつける。乳児が目をさまし、鏡を見た時、おやっ？という感じで自分の額に手をやるのが18カ月というわけだ。それ以前は、鏡の後ろにまわって誰かいるのか探しにゆく、あるいは友達のように鏡像と遊ぶ。マークテストにパスするには、自分の体は、自分が他者を見ているように、自分にも見えていているのだ、という意識の存在を強く示唆している。ちなみに、チンパンジーは、かなり苦労するがマークテストにパスする。納得するまで自分の体のあちこちを触り、目や歯を押し広げ、その動作と触覚を鏡像と突き合わせ、突き合わせして最後に納得する、ように見える。

一生涯続く発達領域の充足可能性

スターンらの研究仮説の重要な点は、発達のエポックとなる時期は自己感の質的に異なる領域、例えば新生自己感（経験をつなぎあわせるオーガナイゼーションの体験）、ついで中核自己感（他者とともにある体験）から主観的自己感へ、そして言語自己感の各領域に入ることを意味しているが、これは時間経過とともに消え去る状態ではなく、階層的に積み重なり生涯消えることのない関係性の領域であり続けると考える点である。

この「自己感の領域」というとらえ方は、患者の過去を臨床上再構成する場合である。すなわち、病理の起源が自己―体験のどの領域かを決める場合である。つまり、伝統的臨床―発達スキームのように、口唇性、自律、信頼といったがそれぞれ年齢特異的で、感受性の強い時期を占めているという見方ではなく、一生涯続く発達領域の問題であるとみなすのである。そうすることによって、治療上の自由がきくようになる。実際、２歳以前の体験を言語化し、治療するなどということは不可能である。そうではなく、まっとうに体験されなかった自己感の領域を、成長してから体験し直すことが可能で、それによって回復する可能性に注目する。

発達初期の被虐待体験、被災体験にもとづくＰＴＳＤ（心的外傷性ストレス障害）からの回復は、その体験がより早期に、かつ繰り返される場合にはとくに困難である。そうではあっても、「治癒過程の自由さ」という考えには、負の体験は宿命的なものではなく、発達領域における体験の充足によって人間は変化しうることが含意されている。

９カ月革命

ここでトマセロの研究結果を参照したい。トマセロは、マックスプランク進化人類学研究所の所長をつとめる認知言語学研究者で、人間の幼児発達のどの段階で社会的、文化的学習の基盤ができるのかに関し、チンパンジーを対象に、乳児と対比させながら詳細に研究している。その仮説は「他者は自分と同様に意図し、行動する主体である」ことを確信する時期にその基盤が形成されるとする。トマセロはこれを9カ月革命という。興味深いことに、この知見は先に紹介したダニエル・スターン等の観察した「主観的自己感の領域」の発達時期と一致している。

トマセロ等が具体的にどのような行動に着目しているかについて述べよう。生後六カ月の乳児は物体を掴んだり操作したりするが、その関わり方は二項的である。役割交代 turn taking の連鎖で他者と情動を表出しあうやりとりをするが、これも二項的である。物体を介した三項関係には至らない。これが生後9カ月から12カ月になると、一群の新しい行動が創発してくる。すなわち、いわゆる共同注意 joint attention がはじまる。例えば、物体との関わりあいと人との関わりあいを協調させる（協働行動 joint engagement）、大人の見る方向を見る（視線追従 gaze following）、ついで、「みて！ みて！」と他者の注意を自分の注意対象に向けるようになる。

さらに詳細に、9種類の三項的関わりあいを9カ月から15カ月の乳児24人に対してテストし、3つのカテゴリーの順に複雑化してゆくことを観察している。すなわち、ほぼ8割の乳児において、9カ月以上では、他者の注意をチェックすることができ（乳児による物の指示を伴う）、11カ月以後には他者の注意に追随する（大人の指示対象に注意を向ける）、そして13カ月には自分の対象に他者の注意を向けさせるようになる（指示的な言語を伴う）。

前言語的な三項関係による意味の共有

トマセロの発達観はヴィゴッキーの社会的、歴史的視点と重なりあっており、人間の発達の特徴は「文化を継承し、改善する学習能力」にあると考えている。この学習能力は、人間に特有のもので、視線、指差しの共有という三項関係が表出されるのは人間のみだという。この場合の第三項目は、人工物でもよい。これに対してチンパンジーは二項関係が基本である。しかし、人間に飼育された場合は、指差しによる共同注視を理解するようになるという。二項と三項の違いは本質的で、三項目を相互に参照するという機能が言語記号に発展する土台である。逆に言えば、すでに前言語的な段階で三項関係による意味の共有が生じている。

チンパンジーなどの霊長類では、儀式的な挨拶行動は活発だが、信号段階であり、社会に共有される記号ではない。あくまでも個体学習による修得で記号化しない。人間の乳児は、共同注視による模倣によって社会的・文化的達成を学習する。ヴィゴッキーが主張したように個体発達と文化発達は絡み合ってすすんでゆく。

ここで、ろう者の手話創成の過程を思い出すことは意味があるだろう。日本手話は大人が体系化してそれを教えたことから始まったのではなく、子どもがろう学校（1878年京都、1880年東京）に集まることで、子ども達の共同体のなかから一貫した記号システムとして創成され、継承発展したものであると考えられている。有名なニカラグア手話の場合もそうで、子ども達はピジン的な言語（それぞれの母語を混在させた共通語）では満足せず、一貫した記号システムを共同で創造するのである。共同体の存在はこの創成に不可欠である。

ヒトに固有な二重の学び～個体的発達系列と文化的発達系列

他の霊長類はヒトに見られるような文化的な発達系列なしに、主に個体に固有の仕方で発達をとげるが、ヒトの場合、発達中の若い個体は、歴史的に作られた人工物や社会的実践を文化的な発達の中で自分のものとする。個体的発達系列は、個体が独力で他者や人工物からの直接の影響なしに、知ったり学習できたりするものである。これに対し、認知発達の文化的系列とは、個体が他者の視点を通して（人工物に組み込まれた視点も含む。言語的意味の伝統的理解なども）世界を見ようと試みることで、知ったり学習できたりするものである。

トマセロはほとんどの文化心理学者よりも文化継承を狭くとる。すなわち、個体が特定の文化状況あるいは習慣から独力で知ったり学習できたりするものは、文化的継承に中に含めない。例えば、ある環境の中で家屋がどんなレイアウトになっているかを個別に学習するケースなどは、文化的継承には含めない。そうではなく、意図を含んだ現象に焦点をあてる。つまり、ある個体が、他者が何かに対してとる行動や見方を観察して、その視点を取り入れようとするようなケースである。

この二系列の学習は対立するものではなく生涯にわたって絡まり合いながら進行するものだろう。一歳から三歳までは子どもは「模倣機械」のようだと言われる。しかし、四歳から五歳になる頃には、子どもが他者を模倣する傾向と、自分自身の創造的な認知ストラテジーを使う傾向とのバランスは変化してくる。子どもは、言葉をつかった談話によって得られる多くの異なった視点を内面化し、それによって自律制御の進んだ思考を行い、計画を立てる能力を得るからである。これは、他者の行動や見方を観察することではじめて育つ能力である。一方、子どもが個体的学習を必要とする時期もあるに違いない。この複雑でダイナミックなプロセスに立ち会うことができるのは人間の教師だろう。さらに言えば、教育は可能態（堀尾輝久）、潜在能力をもつ者（アマルティア・セン）としての子どもに働きかけるものである。

ヒトとＡＩの質的に異なる学習方略

一方、個体的学習のみを際立たせてこれをＡＩに主導された「個別最適化」学習だと言うのであれば、人間の発達過程の二重性（個体的、文化的）を見ない、あまりにも単純な合理性だろう。一節で述べたように、ＡＩは暗黙の文化的、歴史的背景を、かつある個体の生育の文脈にそって理解することは苦手で、本当にそのような情報の表現が可能であるかもよくわかっていない。事実として言えるのは、現状では膨大な知識データベースを実装してもある文化圏の「常識」の解釈に成功していない。「子どもの教育の権利」についてピアジェが解説しているように、知性は知識量ではなく、関係性のなかで自律的個性として生きることである。さしあたり、これはＡＩ開発者の関心事ではない。

認知科学によくある単純化は、このヒトに固有な学習能力が遺伝子の変異によって一挙にすすんだように考えることだが、おそらくそうではなく、他者の行動の意図を理解し、それを自分なりに再現してみせることと、社会集団の協働による学びと創造の繰り返しのなかから文化が蓄積され、それを出発点に学ぶということのサイクルによって文化がいわば逆回転防止装置のついたラチェット車のように累積されてゆくことで発展してきた、と考えられる。

身体の同型性と非同一性からの創造

この「他者を自分と同様に意図をもち、行動する主体である」という、いわば自己と他者の身体の同型性（麻生武）を基盤として発達する認知能力は、他者の誤信念を理解する「心の理論」とよく似た構造をもっている。しかし、「心の理論」は4、5歳にならないと十分に発達してこない。だから9カ月の乳児の能力は、「心の理論」の前言語版と言えなくもない。先に述べた情動調律などを通じ、みずから再現可能なものとして他者の意図的行為を理解し、単にオウム返し的な模倣ではない模倣ができることである。身体は他者との同型性をもちながら自己そのものではないし、自分にとっても意のままにならないがゆえに豊かさの源泉でありえる。

人間に固有な二重の学びの能力が進化的にどのように獲得されたのかはまだよくわかっていない。このためには人類学的研究がさらに進むことが期待される。前史時代の人間社会の日常生活はどのようなものであったか、人々は衣食住をどのように営んでいたのか、家族や集団の構成はどうなっていたのか、子ども達はだれとどんな風に遊び、大人の労働を助け、成長していったのか等に関して、考古学、実験考古学などの知見が拡充されないかぎり憶測に憶測を重ねるだけだ。人類学的研究の成果にまなびながら、現存する動物や人間の子どもの発達過程を研究することは人間理解を深める上で王道と言えるかもしれない。

3．デジタル社会のリスクと可能性

中高生に広がるネット依存症、ゲーム障害

児童精神科医師岡田尊司が「悲しみの子どもたち」のなかで紹介している症例は、ゲーム障害のために中二の時に精神科を受診したケースで、かなり典型的な事例であると思われる。すなわち、ゲーム機で遊んでいる段階からオンラインゲームに移行するところが一つの分岐点で、学業の挫折、勉強についてゆけない、あるいは親の過度な期待などでゲームに救いの場を見出す。この段階で、社会的支援がありえたは

ずである。ゲームが面白いといっても、あらかじめプログラミングされた枠内での受動的なストーリー体験である。ではなぜ、障害にまで至るのだろう。

この中二のゲーム障害の症例では、楽しみにしていたクラブ活動の中でイジメにあい、ゲーム漬けになってしまう。友人関係のトラブル、クラスでの孤立が背景にあることも多い。ゲームそのものについて言えば、課金することで戦闘能力をアップし、〝ギルド〟の制約でいったん始めたゲームから降りにくいという仕掛けもある。やがて、睡眠時間を削り日常生活に障害が出るようなレベルに至る。

臨床では、「障害」そのものへの対処と同時に、その子のおかれている発達環境の劣化に対処することが必要だが、どの臨床現場でもそれが可能というわけではないし、臨床医だけで解決できる課題でもないだろう。両親の不仲、離婚、親自身が精神的に不安定な状態にあること、男性が稼ぎ手の家族形態では、父親の単身赴任、さらに失職により、家族の状態は一気に困窮に陥るなど、根深い社会的背景がある。

一方、ゲームで遊んでも誰もがゲーム障害に至るわけではない。なにが違うのだろうか。それを考える手がかりとしてマウスやラットを用いた〝依存症〟の研究を紹介したい。動物には報酬系という強力な学習メカニズムが備わっている。第一節で述べた強化学習の神経基盤である。

報酬系の自己刺激

報酬系の発見は1958年のJ. Oldsの研究に遡る。脳内自己刺激という実験方法を開発したOldsは、ペダルを前足で踏むと微弱な電流が脳に流れる仕掛けを作成し、脳の様々な部位に電極を挿入し、ペダルを踏む頻度を記録した。そうして発見されたのが報酬系と呼ばれる部位だ。それは辺縁系と呼ばれる部位で、電気刺激でドーパミンが放出され、それが報酬となるため食物などリアルな報酬がなくてもペダルを踏み続ける。はなはだしい場合には、48時間にわたり6万回以上のペダル踏みが誘発された。文字通り寝食を忘れてペダル踏み〝ゲーム〟にはまる。しかし、前頭葉には報酬系の暴走を抑制する仕組みが存在することも知られている。

人間にも報酬系が備わっており、ドーパミンで駆動されることになんら変わりはない。報酬系が暴走しない仕組みが存在するのも同様だが、ヒトは成人に達するまでに十数年を要する。そして、思春期を経ないと前頭葉から報酬系への抑制機能が十分に発達しない。だから、思春期以前の子どもは報酬系の過剰な刺激に対処する点で弱さがある。また、ストレスにより前頭葉機能の働きが低下しても、同様に困難が生ずる。これが依存症やゲーム障害を考える時の一つのポイントである。

最近の研究で、もう一つのポイントが明らかになってきた。それは、報酬刺激は自発的に実施しない限り、依存を引き起こすことがない、という点である。よく知られているようにコカインは薬物依存を引き起こす。マウスも同様で、飲水にコカインを混入しておき、自分で水口に鼻づらを突っ込んで摂水し、コカインの〝味〟を覚えると、繰り返し摂水行動をするようになる。繰り返し行動によりドーパミンの放出が盛んになるので、それを受容する神経細胞のドーパミンを受け取る受容体レベルが低下する。その結果ドーパミンの〝うまみ〟が減るため、さらにドーパミンを摂取する。ところが、コカイン漬けのマウスと同じタイミングで、同じ濃度のコカインを自動点滴するように細工したマウスでは、報酬系のドーパミン受容体レベルは低下しなかったのである。

この研究が意味するところは重要である。すなわち、コカインそれ自体が依存症になるために必要十分なのではなく、マウスの依存行動こそがコカイン依存症を引き起こすということだ。ゲーム障害も報酬系の枯渇状態（もっとドーパミンが必要な状態）が背景にあると考えられるが、ゲームにのめり込むという社会行動学的背景がコントロールできれば、ゲームで遊んでも障害を引き起こさないだろう、と推測できる。したがって、子どもがゲームにのめり込んでゆく社会的背景の理解とそれへの対処が重要だということになる。

デジタル社会のリスク

そこで、改めてデジタル社会のリスクとは何かを考えてみたい。そのリスクの正体とそれを乗り越えてゆく道筋が見えてくれば、逆に、デジタル社会の可能性を議論する土台ができると思われる。

普通にリスクというと今述べたようなネット依存症やゲーム障害ということがすぐに思い浮かぶが、リスクはそれにとどまらない。多くの場合、たしかに、買い物するにも連絡や、おしゃべりするにも便利だからもはやスマホやインターネット検索技術のない世界にはもどれないと思う一方、監視が強まり、プライヴァシーが侵害されるとか、システムに従うことを強制されるとかの不安も感じ、警戒心もある。税金が自分たちの暮らしに還元されている実感がないこと、加えて行政へのつのる不信感もあり、マイナンバー制の導入はなかなか進まない。

重化学工業型社会から高度情報サービス型社会へと産業の技術的基盤の重心がシフトするにともなって生活の利便性、ある意味の合理化が進むとともに、コミュニケーション行為にもとづく相互主観的了解をベースにした日常の生活世界における社会的関わりあいが希薄になってきているように見える。この社会的変化の分析は、歴史学、政治・経済学、そして社会学などのテーマだろう。その詳細の紹介は、筆者の専門外なのでここでは立ち入ることができない。それにかわり、ＡＩ研究者自身が、この社会的変化をどのように感じ、技術者として活動していこうと考えているかについて述べてみたい。

ＡＩ分野のパイオニアであるハバート・サイモンは２０００年に開催されたEarthware Symposiumで、プロメティウスとパンドラの箱の対立は避けられないが、「我々人間が単なる観測者ではなく未来の設計者として決断を下すことで、プロメティウスにとって有利な方向へと導けることを認識しよう」と述べている。ＡＩ分野の研究者にとっても安全性は注目すべきトピックなのである。現在考えられる脅威は、ＡＩの実用化によって引き起こされる職の置き換えだとしながらも、「最適化や制御手法の実用例で管理されている危険性と完全に異なるものではないので、これまで発展させてきたベストプラクティスを踏襲し、プロメティウスが優位にたち続けられるようにそれらを拡張すること」、に期待をかけている。これはおそらく、おおかたのＡＩ研究者の考えだと思われる。

コンピューターに何ができるか

この主流となる考え方よりも少し広い文脈でＡＩ技術のリスクを認識し、新しいデザインを提案している研究者としてテリー・ウィノグラートを紹介したい。ウィノグラードは、自然言語理解システムＳＨＲＤＬＵ（会話をすることで、指示を確認し、指示にあう物体を操作し、その操作を説明できる）の開発者と知られている。彼は新しい技術を開発するうえでほぼ無自覚に前提とされている伝統―合理主義的伝統―は豊かな背景をもたらす反面、人間の活動という枠組みの中で、コンピューターが「何をしているか」を理解する基盤としては適切でないことに気づく。その結果、言語学・心理学・経営学といった分野で行われてきたことに批判的な見解をもつようになった。そこで、コンピューター技術を理解するための基盤として、新たなオリエンテーションを築こうと試みる。

例えば、ワード・プロセッサーが何をする機械なのかと問う。計算理論や電子工学の領域からの答えとしては、組み立ててテストをパスした電子機器、あるいは情報の入力・記憶・出力をあつかうソフトウエア群であり、その情報を生み出し、操作する利用者と何らかのインターフェイスを通して結ばれている装置、などとなる。しかし、「何をするか」には答えていない。

それは、「人間のコミュニケーションの一端をなす、言語構造の作成と操作のための道具」である。この最大の関心領域のためにデザインされているのである。この答えもまだ限定的で、ワード・プロセッサーに向かっている人の行動は、複雑な社会的ネットワークのなかで捉えてこそ、意味をもつ。このネットワークには、郵便局や出版社などの機関、機器（インターネット、プリンターなど）、行動（本を買う、メールを読むなど）、慣習（文書の法的位置づけ）が関わっている。

したがって新しい発明の意義は、この社会的ネットワークにどう組み込まれ、それをどう変革するかにかかっている。コンピューターは、出版のあり方、組織内のコミュニケーション構造、知識の社会的集積などすべてに大きな変革をもたらす。そうして、これを突き詰めてゆくと、「知能」「言語」「合理性」などと呼ばれている人間の基本的な現象に関わる問へと導かれる。つまり、「コンピューターに何ができるか」を問うことは、人がそれで何をするのか、そして究極的には、人間であるとはどういうことかという根本問題の提起につながる。

コミットメントと解釈のプロセスとしての対話

ウィノグラードは以上のように問い、「コンピューターを人間にどうなぞらえるかではなく、人間にとって有意義な役割を果たすコンピューターの可能性をどう開いていくかである」と自らの開発者としてのオリエンテーションをつける。この方向付けの延長に彼が開発を試みているのは、人間のコミュニケーションの領域におけるコンピューターの活用である。すなわち、コンピューターは、「構造的なダイナミック・コミュニケーション媒体」であり、印刷や電話といった過去の媒体とは質的に異なっている。コミュニケーションとは、単なる情報や記号の伝達プロセスではなく、コミットメントと解釈のプロセスである。人間の社会は、その成員間の依頼や約束の表明を通して機能している。このコミットメント・ネットワークの構造には「行動のための会話」というシステム化領域が深く関連しており、これならコンピューターによって表現し、操作することができる。具体的にはコーディネイタという依頼や約束のネットワークを支援するシステムを開発することになる。

一方、人間の行動に関する合理主義的解釈は対話や行動に影響を及ぼすため、コンピューターはこの合理主義的解釈を強めがちで、その解釈に適合した行動のパターンを補強してしまうことのリスクをあげている。しかし、「行動のためのコミュニケーション」は共同作業の効果を上げるためにはどのような教育が必要か、という研究から生まれたものでその教育を助けることが可能だとしている。そして、「我々は、自分に何ができるか、何になれるかという、〝自己〟についての哲学的問いかけを行っているのである。道具は行動の基本であり、我々は自分の行動を通じて世界を生成している。」と結論づけている。

アテンションビジネスをコントロールする〜EUの一般データ保護規定（GDPR）

コンピューターシステムのリスクを上記のように理解することは同時にその可能性を理解することでもある。リスクをコントロールしながら人間にとって有意義な役割を果たすコンピューターの可能性を開いてゆくための法制度の面からの取り組みも始まっている。この点で先頭に立っているのはEUで、2018年から一般データ保護規定（GDPR）が実施され、21世紀の人権宣言とも言われている。

この規定が重大視しているリスクは、現在のビジネスがアテンションビジネスになっていて、個人の精密なプロファイリングによって個別的なサービスや情報を当該個人に提供することで販売競争を行っている点である。個別最適化だし、当人もその必要があって結果的に、趣味嗜好、能力、信用力、知能、健康状態、精神状態、政治的信条、行動などの情報が企業に知られたとしてもお互い様では、という声もあるかもしれない。ただ実際にはＡＩは個人の属性のセグメントの確率を予測していているだけ（決定ではない）であって自己の情報が特定のセグメントに狭められ、自己情報をコントロールする自由が失われている（セグメント主義）。しかし、たいていの人は、一旦自動化されるとそれを信じる傾向があり、批判することは難しい。さらに、アルゴリズムは特許化されるので透明性が失われている。

これ以外にも、ＡＩプロファイリングはそもそも学習データに偏りがあれば、アルゴリズムは公正さを欠く。例えば、実際にアメリカであった事例として、道路工事をどこから着手するかをスマホの回答データから推定するアルゴリズムで決定したが、貧困地域の住民はスマホの保有率が低く、そこのニーズは過小に評価されていた。また、既存のバイアスを反映した学習データを使うことで、「良い医学生」のモデルに、人種的マイノリティーや女子学生が含まれないというようにバイアスを再生産してしまう。

人間の関与原則と透明性

ＥＵのＧＤＰＲはこれに対して２つの視点からの規制を提案している。すなわち、「人間の関与原則」と「透明性の要請」である。まず、人間の関与原則については、ＡＩプロファイリングのみで決定してはいけないとし、以下のようなケースをあげ、人間の関与を得る権利、自らの見解を表明する権利、自動決定を争う権利を主張する。

ケース1．個人の法的権利に影響を与えるデータ自動処理
社会保障の受給資格の否定、国境への立ち入り拒否、当局によるセキュリティー手段、監視の標的化など
ケース2．個人の状況、行動、選択に重大な影響を与えるケース
排除、差別をもたらす可能性、オンラインクレジット申請の自動拒否、人事採用など。ターゲティング広告でも個人の精神的脆弱性、財政的苦境（ギャンブル広告をうたない）を考慮すべきこと。

「透明性の要請」について興味深いのは、自動化システムによって否定的な評価を受けた者が、自らの改善点を発見し、自己修正してゆくための情報を提供することを義務付けている点である。

日本でも遅ればせながら総務省でＡＩ開発ガイドラインづくりが始まっている。憲法の13条、24条、97条などに立ちかえった法学者の議論も盛んになっている。面白い試みとして、情報過多のなかで健康であるための「健全な言論プラットフォームにむけて～デジタルダイエット宣言」が鳥海不二夫らによって提案されている。

おわりに

チリの神経生理学者マトゥラーナが提唱した「オートポイエーシス」という概念（1979）は、システム論者ルーマンにも影響を与えている。第三節で紹介したＡＩ研究者ウィノグラードもマトゥラーナに触発されて新しいＡＩシステム開発を志した。この概念は生命体の自律性を表現するためにマトゥラーナによって創られたもので、生命体は自己産出のプロセスのなかでみずからの境界を決定する（細胞が細胞膜を自分の素材から造り上げるように）。コンピューターも自律的であるように見えるが、それが生み出すものはそれ

自身とは異なっている。したがってオートポイエーシスではなく、何かのサブシステムとして機能するのである。ＡＩによって自動運転する車は、その機能によって人間や物の移動をサポートする。これは人間社会のアロポイエティック・マシンである。

今日の社会的課題は、人間はオートポイエーシスであるが、社会システムのミクロなサブシステムとしてアロポイエーシス的に機能することにおいてのみ、その存在が承認される（生存可能）ようになっていることである。であるとすれば、その支配的な承認主体の正当性こそ問われなければならない。支配の正当性への問いをたてる可能性は、子どもの学習権に関わって第二節で述べた「文化を継承し、改善する学習能力」、すなわち、他者の意図を理解し、その意図に自己の創造性を加えて実行する相互的関わり合い、コミュニケーション行為の領域にあるだろう。

この領域を耕すことで、デジタルデモクラシーの可能性も見えてくる。さらに、ＡＩ―ＩｏＴは世界の30億を超す人々が日々利用している地球規模のインフラであり、公共財（コモンズ）という側面をもっている。したがって、これを運営している巨大事業者の利益を社会還元させ、特に子ども・若者の生活保障をはじめとする社会権を実現するための社会的資源として利用する可能性も展望できる。

（なかむら　しゅん／東京農工大学名誉教授／脳科学、比較行動学）

「学ぶ」意志を支えるもの
――道具の使用と意志に呼応する他者という視点から

松崎良美

1．制度としての「学び」の陥穽――学ぶ「意志」の欠落という転倒

大学で「社会調査入門」という名前の、社会調査の手法などを概説する授業を担当している。社会科学系の大学には、きっと似たような講義がシラバスに含まれていることだろう。「社会調査」にはどのようなやり方があるのか、どのように実施していくことができるのか、社会調査を実施するうえで考慮すべきポイントは何か――、だいたいの場合、こうした観点に基づきながら授業は企画・運営されているように思う。

受講者には、毎回の授業の感想や質問を受け付ける仕組みをとり、次回の授業冒頭でフィードバックしていくやり方で授業は進められていたが、その質疑応答の中にはかなり興味深いものも含まれていた。

――どうやったら、社会調査に興味を持てますか？

――インタビュー能力とコミュニケーション能力は関係ありますか？

そもそも社会調査、社会調査に限らずすべての調査研究は、自らの「知」への渇望から取り組まれてい

くものだったはずだ。調査や研究は強制されてやるものであるはずがなく、自分にとって「必要」だと感じられるから、労力を払って取り組まれるものだ。とはいえ、時間も財源も限られている。だからこそ、自分を急き立て止まない「知的課題」について、先人たちが何か「解」を出してはいないかと探る、いわゆる先行研究へのアプローチが展開される。それでもなお、解き明かすべき謎がある、と覚悟がなされるからこそ、自らの手で「調査」や「実験」に取りかかることがあるのだ。「知的課題」を明らかにしていくために必要な資源や根拠を、最も妥当な方法で探っていくための方法――「社会調査」とは、おそらく以上のように捉えることができる。いわば、自らにとって、抜き差しのならない知的課題を明かしていくための「道具」なのだ。

だからこそ、受講者の素朴な質問に回答するときに言葉に詰まった。そもそもあなたたちの中で立ち上がる「問題意識」や「学術的な問い」があって、社会調査は成り立つんだ。「どうしたら興味が持てるか」なんて質問が浮かぶ時点で、社会調査はすべきではないし、自分にとって必要な問いを明かすための調査において、自らのコミュニケーション能力を憂慮する暇はきっとない……――そう言葉を発しておきながら、よくよく考えると、受講者を責めることなんて、できないのかもしれないと思い至った。彼らは彼らで、現在の大学というカリキュラムが定める卒業要件を満たすために、「社会調査」に取り組まねばならない・学ばねばならない、という課題に対処しているのであって、どちらかというと、この不可解な問題は、私たちが慣例的なものとして目を背けてきた大学という制度に位置付けた「学び」のありように由来している。己の問題意識が立ち上がるのを待たずに、「それらしき」ものを学び、実践しなくてはならない。当然、「それらしき」試行錯誤の末に、気づきを得る可能性はある。ただ、もはや受講する側が受動的に授業に臨むような〝かたち〟が、もたらしうるものとはいかほどのものだろうか。講師側は受講者の受講態度に悪戦苦闘しながら励まし学ばせ、受講者側は、この学びが一体自分にとってどんな意味や価値があるのか分からないまま、授業に付き合う、という互いに不幸な事態をもたらしかねない。本来の「学び」に先立ってあったような目的意識が欠落してもなお、「かたち」としての体裁は保とうとする形骸的な学びの状況――。安易に陥ってしまうようなこの〝不可解さ〟は何故現出するのだろうか。

まるでタスクをこなすかのように、授業に出席し、課題を提出し、試験で及第点を獲得していく。その背景には、大学進学、学士号の取得が、将来を安定的なものにする切り札として、もはや定番化している実態があることは、これまでも幾度となく指摘されてきた（苅谷&吉見 2020）。かくいう自分だって、「なんとなく」高校、そして大学に進学してきたのかもしれない。明確に「やりたいこと」、「絶対に学びたいこと」を心に秘め、学ぶ決意を以て進学したような存在も、周囲に果たしていただろうか……。ましてや、要領よく大学を卒業していく「テクニック」を備え、合理的・効率的に過ごしているような人こそが、大手企業の求める人材としても捉えられている向きすらあったかもしれない。コロナ感染拡大下で「学生時代に力を入れたこと」、いわゆるガクチカのネタがない、ということを嘆く声が見られたが（朝日新聞２０２２年5月12日）、もはや「それらしいことを創作してしまう」という〝裏ワザ〟も横行しているという（朝日新聞２０２２年9月27日）。恐る恐る「そういうものなの？」と就活生に尋ねると、そうなのだという。もはや、「ガクチカ」のネタに学業が取り上げられることは久しく、いかに〝それらしく〟、就職先の要求に見合う「人材」として認められるかが重要で、学歴や資格で履歴書を埋め、エピソードを〝盛る〟ことがお約束になっている。いわば、大学という場所が「要領よくこなす」処世術を〝学ぶ〟場として機能している気配すらある。

それで社会がうまく機能しているなら、いいのではないか。なにも不都合など生じていないではないか、という声もしかしたらあるのかもしれない。「時代は変わるもの」で、かつての「学び」の向き合い方が、時代にあわせて変化しただけのこと。令和のこの時代、ポスト・コロナにあって求められる人材とは、泥臭いことを言わずに、いかに柔軟に合理的に適応していくか、なのだ、という主張もあるのかもしれない。では、これが〝安定〟的に「生きていく」ために必要な「学び」というのだろうか。学び――科学の実践の場として開かれているはずの大学が形骸化している側面が、こうした現象として立ち現れているということなのだろう。だからといって、大学に学ぶ者に、「学ぶ意志」がない、ということはない。結局のところ、対象が何であれ、「学ぶ意志」とはどのように支えられていくものなのだろうか。

2. 試論：高等教育機関における合理的配慮における実践

2―1. 合理的配慮とは何か

試みに、障害のある学生が大学で学ぶ際、どのような手続きが取られるのかを振り返りながら、「学び」について考えてみたい。2016年に施行された障害者差別解消法を以て、我が国における高等教育機関は、障害学生の修学機会を損ねることがないよう、原則として合理的配慮の実践が求められている。合理的配慮とはReasonable Accommodationの訳で、障害者差別解消法策定のきっかけおよび理念的土台となった「障害者の権利に関する条約（障害者権利条約：Convertion on the Rights of Persons with Disabilities）」（2006年12月13日国連総会にて採択、2008年5月3日発効）の中で採用されている考え方の一つだ。

障害者権利条約では、第1条において「全ての障害者によるあらゆる人権及び基本的自由の完全かつ平等な享有を促進し、保護し、確保すること並びに障害者の固有の尊厳の尊重を促進すること」を目的とし定めているが、「合理的配慮」とは、その目的を達成するための態度や基本姿勢――障害者の人権と基本的自由を確保するための「必要かつ適当な変更及び調整」、かつ、「均衡を失した又は過度の負担を課さないもの」として第2条に記されている。

何を以て「必要かつ適当」と判断するのか、「均衡を失した又は過度の負担を課さない」ものとみなすのか、は、なかなかに判断が難しい。しかし、「合理的配慮」が持つユニークな視点は、参加や活動の〝障害〟となる理由が社会や環境の側にあるとみなす「社会モデル」を採用し、変更や調整の対象は個人ではなく、社会や環境にあると考える点といえよう。それゆえ、障害者の人権や基本的自由が損なわれているときに、社会やその本人が身を置く環境から問題の同定を行い、その解消を目指すことになる。

大学における合理的配慮の実践として、わかりやすいのは、例えば視覚障害者に対してなされる印刷教材のテキスト／デジタル化だ。例えば、紙資料を配布する教員は受講者にその紙資料に書かれた内容を読み理解してもらうことを求める。受講者もまた、配布された紙資料の内容にアクセスすることを欲する。ところが、必要な情報が「紙に印刷されている」限り、情報にアクセスする手段は制約されてしまうことになる。目が見えない人にとって、紙に書かれた資料を「読む」ことはできない。しかし、「紙に印刷されている」という環境を調整――ここでは情報をデジタル化することなどを指す――することで、必要な情報にアクセスすることが可能となり、講師と受講者の互いのニーズは満たされることになる。

大学における合理的配慮の実践の場面でもしばしば論点となるのは、「必要かつ適当な変更及び調整」、かつ、「均衡を失した又は過度の負担を課さないもの」を満たすことだ。例えば講師が受講者にプレゼンテーションスキルの定着を求める授業を行う場合、その目的達成度を測るために受講者にプレゼンテーションの実践を求めることは自然な判断といえるが、障害を理由に評価方法の変更が求められることがある（例えば、プレゼンテーションの実践の代替措置として、レポートの提出を認めてほしい、など）。この際、「必要かつ適当な変更及び調整」、かつ、「均衡を失した又は過度の負担を課さないもの」を実践していくために、いくつかの手順が求められることになる。それは、障害学生と大学等の「建設的対話」だ（ＪＡＳＳＯ 2020）。この「建設的対話」のプロセスを通じて、教育の目的・内容・評価の本質を変えず、過重な負担にならない範囲で、教育の提供の方法を変更していくことになる。

「建設的対話」の実践のためには、まず、講師の側が該当授業の本質的目的を十分に把握している必要がある。授業の参加を通じて受講者にどのようなかかわり方を望むのか、ということも含めて代替手段を検討していく必要がある。受講者にあるテキストの「精読」を求めるのであれば、テキストはどのように提供される必要があるのかも考慮にいれるべきだろう。そのテキストで用いられている漢字や句読点や疑問符、括弧など約物の用法なども精読のうえで重要な手がかりになる可能性があるのであれば、単純なテキスト化や点訳では妥当な〝変更〟には該当しないかもしれない（Matsuzaki & Shibata 2022）。講師は、受講者に習得してほしいと望む「伝えたいこと」があり、授業を通じてその伝達を試みていく。多様な受講者に「伝える」ための工夫を凝らすという責任が講師の側に課されているのだ。

一方で、受講者となる障害学生はどのように「建設的対話」に臨むことになるのか。そもそも合理的配慮の実践は、原則として、障害学生本人の申し出を受けて検討されることになる。つまり、障害学生は、自らの「学びたい」という目標が「社会的障壁」のために適えられないという課題に直面するから、合理的配慮の申請にいたる。障害学生は、自らの心身の状況を踏まえ、目標を達成する途上に「社会的障壁」が存在している可能性を指摘し、検討を要請する必要があるといえる。自らの心身の特徴や傾向を相対的に把握できていないと、直面している課題が、社会的障壁に由来するものであるのか、どうかを判断することは難しい。であるからこそ、「建設的対話」という場を通じて、その合意形成に努めていくことになるのだ。

何が「社会的障壁」になりうるのかという同定と、そのために妥当な代替案の模索は一筋縄でなされるものではない。変更の検討を行う「教える側」に立つ大学側も、変更の要請を行う「学ぶ側」に立つ学生側も、その妥当性を検討していく試みを繰り返し、障害のある学生が大学で学ぶという可能性は切り拓かれてきたといえよう。(Joseph P. Shapiro 1993＝1999)

学ぶ意志を持ち続けてきた先人の存在があってこそ、合理的配慮の実践の蓄積がされ、今でこそ、障害の種別に応じてどのような合理的配慮の申請があり得るか先行事例から参照することができるし、前例に倣って合理的配慮を提供することもできるようになった(ＪＡＳＳＯ 2023)。かつてと比較すれば、障害のある学生が大学で学びやすくなった、ということでもある。障害者が高等教育機関で「学ぶ」ということがある種、挑戦的で、異例であったような時代に、死に物狂いで「学びたい」という意志を表明しつづけ、その意志に応答する試みの末に、今日における障害学生の高等教育機関在籍者数の増加が成果としてみられるようになったともいえるだろう(ＪＡＳＳＯ 2022)。

2―2．合理的配慮で問われる学ぶ側と教える側の「意志」

障害のある学生が高等教育機関で学ぶ際、合理的配慮が実践されさえすれば、問題はほぼ解消する、というように一見思えるかもしれない。合理的配慮の実践事例の蓄積もあるのだから、類似の先行事例に則り、ある程度形式的な対応で運用可能なのではないかと思ってしまいがちだが、障害がその程度や受傷の経緯のバリエーションを多様に持つがゆえに、個別的で丁寧な対応がむしろ求められることになる。障害のある学生の合理的配慮の実践にいくら先行事例が蓄積されていったとしても、障害の種類に応じて形式的に対応していけばいい、ということにはならないのだ。

ＪＡＳＳＯ（2020：158頁）が「建設的な対話」を実践していくうえで考慮すべきこととして、「そもそも支援を受ける側は、支援の質や内容を言い出しにくかったりする」ことを挙げる。であるからこそ、支援者を含む大学側は、障害学生の学びの過程を丁寧に「モニタリング」し、その実践を調整していくことになる。その過程で、障害学生のニーズが浮き彫りになり、授業を行う教員が、「必要かつ適当な変更及び調整」を検討する機会が生じうる。ＪＡＳＳＯ（2020）ではこれを「コンフリクト」とも表現しているが、教員側が授業で想定する「受講者に修得してほしいこと」と、受講者のひとりである障害学生のニーズが折り合わない事態が起こりうるためだ。講師は、そこで授業の本質を改めて振り返ることになり、障害学生にとっての学修の機会が損なわれず、かつ他の受講者との公平性を保つ代替案を検討していく。特定のニーズを持つ障害学生との対話を通じて、すり合わせが行われ（教員と学生が直接的に対話をするのではなく、障害学生支援室が間に入り調整役を担うこともある）、建設的な対応を目指すのだ。

ここで確認しておくべきことは、受講者である障害学生は、提供されるべき合理的配慮の最善の解を知りえない（ことのほうが圧倒的に多い）ということだ。確かにその身体の当事者である本人にしか知りえないことはある。しかしそれ以上に、調整の対象となる授業で何が伝えられるのか、その伝達内容におけるポイントは何か、それにどう取り組むべきか、得られる／期待される成果はどのようなものか、ということについては未知なのだ。教員の側にとっても、対象となる受講者に、当該授業がどのように体験されるかは、予測しこそすれ、完全な見通しができるわけではない。だが、「伝える」主体である教員のみが、その伝え方の工夫や配慮を担うことができるはずなのだ。より理解したい、わかりたいと願うからこそ、障害学生から合理的配慮の申請といったニーズが申し出られる。その意志に応える形で、教員の側は、本質を損なわないような調整の検討という形で応答が実践されていく。合理的配慮申請を受けて行われる学修支援の理想的ありようの一つといえる「建設的対話」は、「カタチ」をそれらしく整えるのではなく、その内実――授業を通じて伝えられるべき本質的内容が対象に過不足なく届けられているか――を問うていく試みだ。この試みは、「学びたい」意志と「伝えたい」意志が呼応しあって、学生の「学び」を支える実践のようにもみえる。

障害学生支援における「建設的対話」という制度は、ある種、学ぶ側と教える側のインタラクションを引き出す装置や道具としての役割も持ちうるのかもしれない。というのも、障害のある学生が皆、「学びへの意志」が明確になっているというわけではおそらくないからだ。自らがそうであったように、ときには授業をサボって抜け出して遊びにいきたくなるような気持ちになることは、障害の有無を問わず、誰にでもありうることかもしれないのだ。真面目にも不真面目にも、どのような態度でも、大学で学ぶ時間は、個人に開かれている。ところが、ひとたび、「建設的対話」のフェーズに乗るとき、そこでは己の意志が確かめられることになる。修学を妨げうる「社会的障壁」に直面することは、逆にその授業に努力して臨む意味や意義を学生は己に問い直すことになり、講師の側も、改めてその本質的な目標を見直すことになる。双方の「意志」が問われ、呼応しながら展開されていく「学び」の実践が現出しうるのだ。高等教育機関における合理的配慮の実践という機会は、「学ぶこと」をめぐって、学生側と教える側の「意志」が立ち上がり、呼応しあう瞬間がありうる場であり、そのことが、障害のある学生の「学び」を支えてきた可能性を持つ。

3. 学ぶ「意志」を鍛えるもの

高等教育の門戸を切り拓いてきた先人たちに、学びに対する切望があったことは疑いがないだろう。ただ、その先人たちも、その学びが己をどのような運命に導いていくのか、知っていたわけではない。漫画『チ。―地球の運動について―』という作品では、女性や、学問から自らは縁遠いと自覚しているような人物も含む登場人物たちが、中世と思わしき時代を舞台に、「地」をめぐる「知」を、「血」を流しながらも探求していく姿がドラマチックに描かれている。登場人物たちはもれなく、「知」を探求していくことで、思いもよらない運命に巻き込まれていくが、その過酷さに怯むことなく、「意志」を曲げない。

物語はフィクションだが、描かれている「理由もなく対象にのめりこんでしまうような経験」は、読者にとってもなんとなく身に覚えがあるものだったのではないだろうか。または、そのような情熱を燃やして対象に取り組む姿に感動を覚えるからこそ、この作品は、スポーツや冒険をテーマにしたものではなく「地動説」にまつわる「知」という一見、地味で堅い内容をテーマにしたものでありながら、手塚治虫文化賞のマンガ大賞に選ばれるなど高い評価を得たのかもしれない。

学びに対する「意志」を支えるものは、その歓びを肌で知っているということに尽きるのかもしれない。何かを知ってワクワクすること、もっと知りたいと願うような機会やきっかけは、この現代社会に生きるすべての人たちに等しく開かれたものでもある。知的好奇心の赴くまま、例えばダンゴムシの生態であったり、電車の形状であったり、歴史小説や史上の人物の自伝に夢中になるような……――新しく何かを知る喜びや、物事の仕組みを理解したときの興奮を感じて、「もっと知りたい」、「より深く解明したい」という思いを発展させる機会は、出自や国籍、性別や障害の有無などによって制約を受けることは、もはや、ない。

しかし、学びに対する「意志」が発現さえすれば、その「意志」がひとりでに展開していくものでもないかもしれない。関心をより広げ深めていくためには、ものを読み書きすることができ、問いを立ち上げ問うていく力が備わっていることが重要な知的装備となりうる。そしてその力こそ、鍛錬し、養われていく必要がある。その鍛錬を支える「場」が必要とされ、ある種、学ぶ場は様々な形で構成されてきたともいえよう。

ひらめきは、自分の頭の中だけで悶悶と妄想されて終わるのではなく、社会に開かれ、共有されていくことで、その可能性への距離を縮めていく。そうして、そのひらめきは吟味・検証され、議論され、時空を超えてひきつがれていく。Foucault（2012＝2015）は、自分以外の他者とともに学び、知りえた「知」を共有していくために「世界の秩序と交流」し、「世界を律する理性に従う」術を、体得していくありようが、古代ギリシアの「指導」において実践されていたとしている。その指導において、「被指導者はつねに指導されることを欲し、そのかぎりにおいて、指導は機能し、展開」していく。一方で、「指導はまったくコード化されておらず、指導の法的な構造はない」ともいう。そして、「指導の技法」として、「被指導者が欲するべきだと指導者が欲することを、被指導者がつねに欲しなければならないというルールに従いながら、双方の意志を相関させて、そのまま残す」ことを挙げる（Foucault 2012＝2015：263）。被指導者が、自由意志のもとで、指導者に「指導」されることを望むとき、被指導者にとって、どのように自分が導かれていくことになるのかは未知だ。だから、「指導」において、「良心の検討」という自己じしんを検討していく過程を持つことが求められる。「良心の検討」は、「指導される者への手がかりを指導者に与え、個人だけが自分自身に、そして自分自身から出発して行使できる、個人の認識を指導者に供するべきものだから」

（Foucault　2012＝2015；289）だ。そうして、「指導」の目的――自己の自己へのある種の関係；主体化を打ち立てることが果たされていくとしている（Foucault　2012＝2015：264）。

> 言うなれば、良心の検討はこの合理性の萌芽を開花させる。この萌芽こそが、あらゆる状況に対峙させてくれる。つまり、それは私自身の理性の萌芽として、自立して振る舞うことを可能にしてくれますが、それと同時に、世界全体に適合した振る舞いをも可能にしてくれます。というのも、その合理的原理は普遍的であり、合理的振る舞いとは世界全体との関係において私を自立させてくれるものですから。（中略）私が自己を検討するのは自立したものになるため、自分自身に、自分自身の理性に則って自分を導くためです。（Foucault 2012=2015：280）

「指導者」は「被指導者」を思い通りにするために「指導」するのでもなければ、即自的に「解」を与える存在になるのでもない。被指導者が自立していくことを促す存在としてみなせるだろう。というのも、この「指導」と「被指導」の関係にあってこそ、被指導者は、じしんの振る舞いを回顧的に振り返り、目的／意志を達成するために、「未来の状況に対する合理的かつ恒常的な原理を打ち立てたり明示したりする」（Foucault 2012＝2015：278）努力の機会を持つためだ。いわば、学ぶ「意志」は、その「意志」に呼応する「指導者」たる存在によって鍛えられ、励まされ、その関係性において、「良心の検討」という名の〝自らを省みてよりよい試行錯誤をしていく努力の機会〟を持つ。そこで、学ぶ「意志」はより強固のものになっていくとみなせるのではないか。そのような場や関係性が、学ぶ「意志」を促し、発揮させていくために重視されてきたといえよう。

4．COVID―19感染拡大下の「学び」

4―1．コロナ下の学校

そのような「学ぶ」者の意志に呼応する場の一つとして、学校を挙げることができるかもしれない。中教審答申（1999）によれば、初等中等教育においては、「個人として国家・社会の一員として社会生活を営む上で必要な基礎・基本の習得を一層徹底するとともに、自ら課題を見つけ、自ら学び、自ら考え、主体的に判断し、よりよく問題を解決する資質や能力を育てることが肝要」とされている。そうした社会的機能が期待された学校は、２０２０年の新型コロナウイルス感染症拡大を受けて休校という選択を迫られた（首相官邸 2020）。

学校が休校となったのち、子どもたちにとっての「学び」の場は、混乱と困惑の中で家庭に置き換わる（瀧波 2020）。一方で、学校や地域によってはＩＣＴ技術を活用した遠隔授業も推進されていく。それは、教育格差を招くものとして危機的に報じられもしてきた（AERA dot. 2020）。機器が整備され、インターネット環境が整えば、問題は劇的に改善するといった論調のものも目立ったが、実際にはその運用は、一筋縄ではいかなかったようであることも報じられている（朝日新聞　2020年7月8日）。

やがて、学校は2020年のゴールデンウィークを過ぎた6月前後から再開され、少しずつ子どもたちは分散登校などを経て、「学ぶ」場としての学校を取り戻していくようにもみえた。しかし、再開された学校は、感染症対策のために設置されたアクリル板のある教室で、友達と語らうことを禁止するような場になっていたことは言うまでもない。Learning Crisis 研究会（2021）が全国の特別支援学校を対象に実施した調査でも、学校は、「教育課程の時間調整」、「感染症対策」、「生徒・保護者の不安へのフォロー」に追われていたことが指摘されている。「学びの保障」と感染症対策の両立に苦しみながら、学校側が必死で対応しようとしてきた事実は疑いようがない。しかし、子どもたちの「学ぶ」意志に呼応する余裕を失い、学校としての「カタチ」を取り戻すことが優先されていたのが、２０２０年の新型コロナウイルス感染症拡大下の学校の姿であったとも指摘することができるのかもしれない。

学校では、授業時間の遅れを取り戻すことが重視され、「じっくり考える時間の確保が難しく」なり、感染症対策のため、基本的に声を発さず、ソーシャルディスタンスを保って授業が展開されていったという（Learning Crisis 研究会 2021）。教員じしんが「歌わない音楽って?話さない外国語って何?」という矛盾を感じながら実践する授業に、子どもたちの「学ぶ」意志と、教員の側の「意志」は呼応する余地はなかったのではないか。そして、そのことはもしかしたら、子どもたちの「学ぶ意志」を削いでいったかもしれない。ましてや、「学び」というものを体現するはずの学校は、授業時数の不足をどう挽回するか、画策することばかりが求められたのだ（妹尾 2020）。分からないことに対して『特別な努力』（柴田 2021）を払って対峙していくことよりも、「いかに、この場を切り抜けるために問題〝解決〟するか」のほうが、優先されていたかもしれない状況を前に、子どもたちは、どのように「自ら課題を見つけ、自ら学び、自ら考え、主体的に判断し、よりよく問題を解決する資質や能力を」自らの内に養っていくことができるというのだろうか。

4−2．「学びの危機（まなキキ）」Counter Learning Crisis Project

新型コロナウイルス感染症の感染拡大が招いた「学びの危機」にあって、特に障害や事情があって学びづらさを抱えている子どもたちを対象に、少し年上のお兄さん、お姉さんである大学生が、学ぶことが持つワクワクや楽しさを伝えていく場を持つことを目指し、「Counter Learning Crisis Project（通称：まなキキ・プロジェクト）」は立ち上げられている（松崎 2022）。プロジェクトの活動の中には、「まなキキ・フォスタープラン」というＺＯＯＭなど遠隔会議システムを利用したオンラインの家庭学習支援が含まれるが、この家庭学習支援の取り組みを通じて出会った子どもたちは、ＩＣＴ技術を活用しながら学んだということでもある。

「まなキキ・フォスタープラン」に参加し、子どもたちの家庭学習を支援するのは、現役の大学生や大学院生である。彼ら彼女らは、将来「教える」ことを職業にしたいと考えている者が多いが、必ずしも全員が教員養成のための講義を受講した経験があるわけではない。ただ、目の前にいる子どもたちをリスペクトすること、必要に応じて配慮することを心掛けて家庭学習支援に臨むよう、研修や事前の注意事項が共有されて家庭学習支援に取り組む「非」専門家の立場をとる存在だ（松崎 2022）。その様子は、「先生」というよりも、子どもたちの夢や目標に向かって、どのような選択肢を取りうるかを助言する、航海士のような役割を持つ存在とイメージされ、それゆえ、教える立場にたつ大学生らは、「学びのナビゲーター」と呼称されている（松崎 2022）。

家庭学習支援に参加する子どもたちの中には、尋ねた問いかけを手早くGoogle検索し、回答してくれる子どももいた。語彙についてどれくらい意味を知っているか確認するために投げかけた質問も、電子辞書で手早く意味を調べ、その結果を読み上げてくれる。子どもたちからしてみたら、「知らない」ことを手早く解決してくれる電子機器を上手に活用しているのであって、違和感はない当たり前の風景なのかもしれない。また、学校にも合理的配慮の一環として、板書をタブレットでとることが認められたケースもあり、子どもたちはもっぱら紙ではなく、電子媒体を活用してメモをとる様子も目立つ。ZOOMのチャット機能もあっという間に使いこなし、絵文字をたくさん入れたメッセージを送ってくれる。

何が正解ということはない。子どもたちのひとつひとつの反応を受けて、学びのナビゲーターは率直に反応をしていく。電子辞書を使って意味を調べてくれた子どもには、調べてくれたお礼を伝えつつ、「じゃあ、その言葉を使って、何か文章を考えてみようか」と続ける。必要なことは、その言葉の意味を子どもがきちんと理解して、使いこなすことができるかどうか、だからだろう。また、チャットに文字を打ち込んだりすることが好きな子どもに対しては、チャットを活用した応答を試みる。タブレットという媒体そのものは、実は、いろいろな機能を隠し持ついわば「おもちゃ」のようなもので、いろいろな使い方を試してみることは、子どもたちをどうやらワクワクした気持ちにさせるらしい。ホワイトボードを使って、実際にタブレット上に書き込みをしてもらうこともあった。すべてがオンライン上のやりとりに終始するわけではなく、必要な教材を郵送で送り、実際に手で作業してもらうこともあった。そこで実践されているのは、おそらく「学びたい」という意志と、教える側の「子どもたちに応えたい」という意志の表出の連続だ。

「学びのナビゲーター」は、少なくとも得点対策、受験対策の家庭学習支援を実施することを想定していない。希望に応じて、テスト勉強のわからない点を見直す手伝いをすることはあっても、どうしたら、もっと点数がとれるようになるかなどといった指導や受験対策的な学習の時間を持つことは想定に入れていない。すなわち、家庭学習支援の間になされるのは、子どもたちの希望に沿った学習になる。子どもたちがわからないところ、知りたいことの希望が発されて、それに応答する仕組みだ。ところが、子どもたちは、多くの場合、簡単には「ここがわからない」、「ここを教えてほしい」とはならない。学びのナビゲーターは、一緒にいろいろな話をしながら、子どもたちの様子を伺い、「子どもたちが知っておくべきだろう」「子どもたちに知っておいてほしい」と学びのナビゲーターじしんが望むことを「子どもたちの欲すること」に重ね合わせながら、提案し、提供していく。その応答は、やがて、子どもたちの「できたよ！」という報告や、「ここがわからない」「ここが苦手だ」という子どもたちじしんの〝自己への検討〟につながっていくようでもあった。

子どもたちの「学びの意志」は、おおよそ計測できるものではない。しかし、「学びづらさ」を理由に「まなキキ・フォスタープラン」につながった子どもたちが、自分なりのペースで少しずつ、学びへの関心を深め、「学びのナビゲーター」と信頼関係を構築しているようであることも、また確かだ。それをアシストしたのは、オンラインでつながるためのハードウェアであるタブレットやパソコンといったICT機器であり、ネットワーク技術なのであった。ただ、それらの道具は、ただ与えられたのではなく、一緒に何かを学ぼうとする目的があって扱われていた。子どもたちの保護者からは、ゲームについ熱中しすぎてしまうなど、スマホやタブレットへの依存などが困りごととして挙げられてもいた。しかし、子どもたちと、学びのナビゲーターとのやり取りの中で、スマホやタブレットは単なる依存対象とは異なる様相をみせ、目的を果たすために〝役立てられる〟道具として活用される側面を持ち得たのだ。「学びのナビゲーター」は、子どもたちの気持ちや思いを汲み取るために、それぞれの道具や機能の強みを生かしながら、道具を用いていた。さらに、その道具は、子どもたちとのやりとりを通じて、「学びのナビゲーター」じしんも知らなかった新たな使い方へと展開し、子どもたちの「学び」に役立てられていたかもしれないのだ。

5.「学ぶ」意志を支える道具

私たちは社会のためなどと大仰な設計や教育に邁進せずに、ただ、A子のためにつくり、A子のために使えばいいのである。A子の存在が広がり、深まるようにテクノロジーを使い、知識を教えるということだけにこだわっていれば、必要なことはA子の方が教えてくれるのだ。その上でA子は、自らがもっとひろく人とつながり（＝アクセシビリティ）、もっと深く社会と自分を知る（＝ケイパビリティ）ために、自らが生き残っていくためのリテラシー＝〈生の技法〉を得ていくことだろう。私たちに求められているのは、メディアを、そして教育を、そのための場にできているかどうかでしかない（柴田2019: 183）。

考えてみれば、「学び」は、「学びたい」「学ぼう」とする意志の下で、さまざまな機会や道具を活用しながら、深められ、拡げられていく可能性を持っていた。その道具は、例えば「合理的配慮」という障害学生の学修機会を拡げるための一つの機会でもあり、学校教育を受けて学ぶ内容そのものも、じしんの興味関心を拡げ、理解を深め、他者と議論をしていくために必要な道具であった。家庭学習支援におけるタブレットやPCなどのICT機器類も、子どもたちの学びを支えるうえで、欠かすことのできない資源／道具であった。

これらの道具は、学んだり、教えたりするひとりひとりの主体にとって「最適化」されたものではなかったかもしれなかった。先行する類似事例はあったかもしれない。だが、自分にとって必要なことや、目の前にいる学ぶ主体にとって必要なことは、その対象と対峙し、最も妥当なものへと調整していく努力である。その末にようやくその輪郭が見えてくるようなもので、そうした試行錯誤という名の検討や調整が必ず求められていたのだ。「学ぶ」ために必要な環境の調整や、じしんの道具として方法論や知識を活用していくための試行錯誤は、最初から完璧にうまくいくことなどなく、失敗した経験を受けてより妥当なものへと少しずつ微調整されながら実現していくようなものとして、理解することができるだろう。Sennett（2008＝2016）は、物質／モノたる対象に時間をかけて、じっくり向き合う実践が、その物質／モノたる対象にとっての最適なありよう――本質を見極める実践につながることを指摘し（：214-230）、「道具を使うのが上手くなるのは、幾分なりとも、道具が私たちに試練を与えるときである。そしてこの試練は、まさにこの道具が目的にそぐわないからこそもたらされる場合が多い」（Sennett 2006＝2016：332）とも述べている。

モノとの対峙、道具との格闘が生まれるのは、「意志」があるときだ。何かを「学ぼう」とするとき、その「意志」を支える道具は、さまざまな形をとりながら、またさまざまなタイミングでもたらされるのかもしれない。その機会や形は、学ぶ本人にとって、必ずしもマッチしていないこともある。だが、その道具や機会を使って、何とか意志を果たそうとその覚悟を決めて、失敗を繰り返すとき、その「学ぶ」意志はより先鋭化されて、鍛えられ、力をつけるのかもしれない。そして、その過程は、伴走する第三者の存在があるとき、より活用され、道具そのものの役割は一層果たされ、「学ぼうとする」主体そのものの「意志」を励まし、展開、〝検討〟させ――主体化させることにもつながっていたのかもしれない。誰も、学ぶ主体がどのように、何を学んでいくかを強制することはできない。しかし、学ぶ主体である本人の意志も、孤独のうちには育ち得ないのかもしれない。

その意味で、学ぶ主体に「学ぶ意志」があるとき、傍らにいる者は、その本人が意志を全うできるよう、本人にとっての未知性に配慮しながら、その意志完遂のための調整や検討に努めていくことになるのだろう。一方で、その「意志」が育っていく過程において、「学ぶ主体」と共に、対象と向き合い「意志」と「意志」を呼応させながら、試行錯誤を繰り返していく、という役割が、与えられているのかもしれない。そのことが、学ぶ者にとっての主体化をもたらし、自律的に世界とかかわるきっかけを得ていく助けになるかもしれないのだ。

私たちは、独りで学んできたのではない。「学ぶ」意志の傍らには、実体を伴うにせよ、伴わないにせよ、「学ぶ」者の意志と呼応する何かしらの存在があった。環境や設備が整いさえすれば、学びを展開させていくことができるわけでは、どうやらない。

傍らにある者は、みずからの「意志」を以て、迷いながらも目の前の「学ぼう」とする人との対話を諦めないことが、この「危機」の時代にこそ、きっと、試されている。

参考文献

- AERA dot.（2020）「休校の長期化で生じる『教育格差』の根本原因　各学校や自治体によって整備にもばらつき」東洋経済ONLINE https://toyokeizai.net/articles/-/349645 last accessed 2023/2/27
- 朝日新聞デジタル「オンライン授業に我が子苦戦　欧州でパパ記者が思うこと」２０２０年７月８日　https://digital.asahi.com/articles/ASN764QS0N6YUHBI033.html　last accessed 2023/3/1
- 朝日新聞「『ガクチカ』に悩む就活生　学生生活と就職戦線、コロナ禍で激変」２０２２年５月12日　https://digital.asahi.com/articles/ASQ5C6V0CQ4SOIPE00D.html?iref=pc_ss_date_article　last accessed 2023/2/27
- 朝日新聞デジタル「内定ほしい…盛った『ガクチカ』　コロナ禍、友人の経験丸写しも」２０２２年９月27日 https://digital.asahi.com/articles/DA3S15429211.html?iref=pc_ss_date_article　last accessed 2023/2/27
- 妹尾昌俊（2020）「休校が長引くことへの対策、政策を比較―夏休み短縮・土曜授業、9月新学期、学習内容削減」YAHOO!ニュース https://news.yahoo.co.jp/byline/senoomasatoshi/20200429-00175852 last accessed 2023/2/27

- 魚豊（2020-2022）『チ。—地球の運動について—（1）−（8）』ビッグコミックス』小学館。
- 苅谷剛彦、吉見俊哉（2020）『大学はもう死んでいる? トップユニバーシティーからの問題提起』集英社新書。
- 柴田邦臣（2019）『〈情弱〉の社会学——ポスト・ビッグデータ時代の性の技法』青土社。
- 柴田邦臣（2021）「【学びの危機（1）】『特別な時代』に「特別な努力」をかけて『学ぶ』こと『学びの危機』= Learning Crisis —ＣＯＶＩＤ−19と特別支援教育の未来—」教育新聞２０２１年１月26日。https://www.kyobun.co.jp/education-practice/p20210126/ last accessed 2023/2/28
- ＪＡＳＳＯ（2021）「障害学生に関する紛争の防止・解決事例集ウェブコラム総編集編」https://www.JASSO.go.jp/statistics/gakusei_shogai_kaiketsu/column/__icsFiles/afieldfile/2021/08/05/column2020b.pdf last accessed 2023/2/23
- ＪＡＳＳＯ（2022）「大学、短期大学及び高等専門学校における障害のある学生の学修支援に関する実態調査結果報告書」
- ＪＡＳＳＯ（2023a）「1-6 合理的配慮内容の決定手順」https://www.JASSO.go.jp/statistics/gakusei_shogai_kaiketsu/kiso/kiso1_6.html last accessed 2023/2/22
- ＪＡＳＳＯ（2023b）「障害学生に関する紛争の防止・解決事例集」https://www.JASSO.go.jp/statistics/gakusei_shogai_kaiketsu/index.html last accessed 2023/2/23
- 首相官邸（2020）「新型コロナウイルス感染症対策本部（第15回）」https://www.kantei.go.jp/jp/98_abe/actions/202002/27corona.html last accessed 2023/2/27
- Joseph P. Shapiro (1993), NO PITY: People with Disabilities Forging a New Civil Rights Movement, 秋山愛子訳（1999）『哀れみはいらない——全米障害者運動の軌跡』現代書館.
- Sennet, R. (2008) The Craftsman, Yale University Press. (=2016) 高橋勇夫訳『クラフツマン——作ることは考えることである』筑摩書房
- 瀧波ユカリ（2020）「【新型コロナ】瀧波ユカリ『〈家庭学習分は授業不要〉の文科省通知で広がる困惑。今親たちが求めるものは保護者にとっては寝耳に水だった」婦人公論.jp https://fujinkoron.jp/articles/-/1884?page=2 last accessed 2023/2/27
- 中央教育審議会（1999）「初等中等教育と高等教育の接続の改善について」https://www.mext.go.jp/b_menu/shingi/chuuou/toushin/991201.htm last accessed 2023/3/1
- Foucault, M. (2012), Du Government des Vivants, Cours au College de France 1979-1980, Seuli/Gallimard. (=2015) 広瀬浩司訳『生者たちの統治——コレージュ・ド・フランス講義 １９７９-１９８０年度』筑摩書房.

- Learning Crisis研究会（2021）「【開催報告】『Learning Crisis』に関する実態調査　中間報告会について」https://learningcrisis.net/?p=14490　last accessed 2023/2/27
- 松崎良美（2022）「学びを支える社会資源と主体性――まなキキ・フォスタープランの試みから――」津田塾大学国際関係学研究所報（57）27-33.
- Matsuzaki, Y., Shibata, K. (2022) "Reasonable accommodation and information accessibility for students with disabilities in Japanese higher education" Alcantara, L., & Shinohara, Y. (Eds.). *Diversity and Inclusion in Japan: Issues in Business and Higher Education (1st ed.)*. Routledge. https://doi.org/10.4324/9781003299509, 119-135.

参考情報

- まなキキ（Counter Learning Crisis）―学びづらさに向き合う子どもたちの「学びの灯」のために―　https://learningcrisis.net

（まつざき　よしみ／東洋大学社会学部・Learning Crisis研究会／社会学、ソーシャル・インクルージョン論）

おわりに

総合人間学17号は、２０２２年6月25日に開催された大会シンポジウム「ポストヒューマン時代が問う人間存在の揺らぎ～人間能力拡張（ＡＩ・アバター等）がもたらす将来世界とは？」のパネリストの方に執筆を依頼して出来上がった論考がコアになっている。パネリスト4名の論考に加え、大会シンポジウムに企画段階からコミットされた古沢広祐氏にテーマを俯瞰した論考を、さらに２０２３年6月に開催予定の大会シンポジウムの準備委員会からのメッセージという含みで松崎良美氏に依頼した論考を合わせたものである。

ＡＩを中心に技術革新のスピード、それに伴う人々の組織のあり様の変化が速く、日々あっと驚くようなニュースにさらされるなかで、執筆者の方々は記述のアップデートに神経を使われたのではと推察する。1年間にわたる緊張感の持続と、ご尽力に感謝したい。

一方、このあわただしい日々のいとなみのなかで、変化の表面に目を奪われるのではなく、人間の生き方にとって何が大切なのか、傍観者としてではなく、それぞれの立ち位置からの他者にたいする責任あるかかわり方を考えるチャンスでもあったように思う。17号の論考を一つの足掛かりとして、総合人間学会内外での語り合い、探求、議論の深化を期待したい。

出版にあたっては総合人間学14号以来お世話になってきた本の泉社新舩海三郎氏からバトンタッチされた浜田和子氏には、タイトなスケジュールにあわせて出版にご尽力を頂いた。この場をかりて感謝申し上げたい。

中村　俊　（総合人間学会出版企画委員長）

著者一覧（執筆順）

古沢広祐　（國學院大學研究開発推進機構客員教授／持続可能社会論・環境社会経済学）

上柿崇英　（大阪公立大学／環境哲学、現代人間学）

久木田 水生（名古屋大学／哲学）

木村武史　（筑波大学人文社会系／宗教学）

中村　俊　（東京農工大学名誉教授／脳科学、比較行動学）

松崎良美　（東洋大学社会学部・Learning Crisis 研究会／社会学、ソーシャル・インクルージョン論）

書籍のバックナンバー、オンラインジャーナルに関する情報は以下をご参照ください。
・総合人間学会ホームページ　http://synthetic-anthropology.org/
・総合人間学会書籍案内　http://synthetic-anthropology.org/?page_id=50
・総合人間学会オンラインジャーナル　http://synthetic-anthropology.org/?page_id=334

総合人間学 17
ポストヒューマン時代が問う人間存在の揺らぎ
～人間能力拡張（AI・アバター等）がもたらす将来世界とは？～

2023年６月８日　初版第１刷発行
編　集　総合人間学会
発行者　浜田 和子
発行所　株式会社 本の泉社
〒112-0005 東京都文京区水道2-10-9
板倉ビル２階
TEL. 03-5810-1581　FAX. 03-5810-1582
印　刷　音羽印刷 株式会社
製　本　株式会社 村上製本所
ＤＴＰ　木椋 隆夫

ISBN 978-4-7807-2243-7 C0036